utb 4170

Eine Arbeitsgemeinschaft der Verlage

Brill | Schöningh – Fink · Paderborn
Brill | Vandenhoeck & Ruprecht · Göttingen – Böhlau Verlag · Wien · Köln
Verlag Barbara Budrich · Opladen · Toronto
facultas · Wien
Haupt Verlag · Bern
Verlag Julius Klinkhardt · Bad Heilbrunn
Mohr Siebeck · Tübingen
Narr Francke Attempto Verlag – expert verlag · Tübingen
Psychiatrie Verlag · Köln
Ernst Reinhardt Verlag · München
transcript Verlag · Bielefeld
Verlag Eugen Ulmer · Stuttgart
UVK Verlag · München
Waxmann · Münster · New York
wbv Publikation · Bielefeld
Wochenschau Verlag · Frankfurt am Main

Grundwissen Theologie

Herausgegeben von Klaus von Stosch

Katharina Lammers · Klaus von Stosch

Arbeitstechniken Theologie

2., überarbeitete Auflage

BRILL | SCHÖNINGH

Die Autoren:

Katharina Lammers, Dr. phil., geb. 1984, ist Referentin für (Hoch-)Schulpastoral im Erzbischöflichen Generalvikariat Paderborn.

Klaus von Stosch, Dr. theol. habil., geb. 1971, Schlegel-Professur für „Systematische Theologie unter besonderer Berücksichtigung gesellschaftlicher Herausforderungen" an der Katholisch-Theologischen Fakultät der Universität Bonn, ebenda auch Vorsitzender des International Center for Comparative Theology and Social Issues; zahlreiche Veröffentlichungen zu den Themen Komparative Theologie, Theologie der Religionen, islamisch-christlicher Dialog und christliche Dogmatik.

Bibliografische Information der Deutschen Nationalbibliothek

Die Deutsche Nationalbibliothek verzeichnet diese Publikation in der Deutschen Nationalbibliografie; detaillierte bibliografische Daten sind im Internet über
https://www.dnb.de abrufbar.

2., überarbeitete Auflage 2024

Koninklijke Brill NV umfasst die Imprints Brill, Brill Nijhoff, Brill Schöningh, Brill Fink, Brill mentis, Brill Wageningen Academic, Vandenhoeck & Ruprecht, Böhlau und V&R unipress.

Internet: www.brill.com

Printed in Germany.
Herstellung: Brill Deutschland GmbH, Paderborn
Einbandgestaltung: siegel konzeption | gestaltung

UTB-Band-Nr: 4170
ISBN 978-3-8252-6121-4
e-ISBN 978-3-8385-6121-9

Inhalt

Einleitung

Wir freuen uns sehr, dass Sie sich für das Studium der Theologie entschieden haben. Sie haben sich damit für eine besonders herausfordernde Wissenschaft entschieden, weil es in ihr um eine Wirklichkeit geht, über die hinaus keine Größere gedacht werden kann, wie es der mittelalterliche Theologe und Philosoph Anselm von Canterbury einmal formuliert hat. Von Ihnen wird also erwartet, dass Sie die Grenzen des Denkens ausloten und sogar bereit sind, eine Denkbewegung ernst zu nehmen, die über die Grenzen des Denk- und Sagbaren hinausweist. Trotz dieses besonderen Charakters der Theologie handelt es sich bei ihr um eine Wissenschaft, die wie jede andere Wissenschaft auch argumentative und formale Standards einhalten muss. Um das Theologiestudium erfolgreich bestehen zu können, ist es erforderlich, dass Sie sich gleich zu Beginn mit den Erfordernissen wissenschaftlichen Arbeitens vertraut machen. Es ist für nahezu alle im Studium zu erbringenden Leistungen unverzichtbar, sich über Strukturmomente und Vorgehensweisen wissenschaftlichen Arbeitens klar zu werden.

Ein wesentliches Merkmal wissenschaftlichen Arbeitens liegt in der intersubjektiven Überprüfbarkeit der Ergebnisse einer Forschungsarbeit. Gedanken, Argumentationen etc. müssen für den Leser nachvollziehbar und überprüfbar sein. Zudem ist die Arbeit immer in den Kontext einer bestimmten Forschungsgemeinschaft eingebettet. Wissenschaftlich Arbeitende fangen bei ihren Bemühungen, sich über ein bestimmtes Themengebiet Klarheit zu verschaffen bzw. ein bestimmtes Problem zu lösen, nicht bei Null an, sondern müssen berücksichtigen, was bisher schon von anderen an Kreativität und Energie in das jeweilige Thema oder Problem hineingesteckt wurde. Es geht darum, an vorhandene Erkenntnisse und Forschungsansätze anzuknüpfen und mit ihnen korrekt umzugehen, d.h. verschiedene Gedanken, Positionen oder Argumentationen zusammenzutragen, genau darzustellen und sie in Bezug zu anderen zu setzen. Dadurch wird ein ungleich höheres Problemniveau und eine ungleich höhere Kompetenz erreicht, als wenn jede und jeder das Rad neu erfinden müsste; die Konzentration der eigenen Fähigkeit und Originalität auf besonders brennende Fragen des jeweiligen Fachgebiets wird erst so ermöglicht.

Natürlich geht es im wissenschaftlichen Arbeiten nicht nur darum, die Erkenntnisse anderer zu referieren. Wir stehen in unserer wissenschaftlichen Arbeit gewissermaßen auf den Schultern von Riesen, d.h. wir können auf jahrhundertelanges Nachdenken von unzähligen klugen Denkerinnen und Denkern zurückblicken und in unseren Forschungen von ihren Ergebnissen profitieren. Aber auch wer auf den Schultern von Riesen steht und immer nach unten schaut, wird nichts anderes als seine eigenen Füße sehen – wie es in einem viel zitierten Bonmot heißt. Es geht also darum, nach vorne zu schauen, die Herausforderungen unserer Zeit anzugehen, zugleich aber die vorhandenen Erkenntnisse zu nutzen und auf ihnen aufzubauen. Um Ihren Lesern die Unterscheidung Ihrer eigenen Gedanken von den Vorarbeiten anderer zu ermöglichen, muss immer transparent sein, wo man eigene Gedanken entwickelt und wo man auf Ergebnisse und Ideen anderer aufbaut.

Um Transparenz herstellen zu können, ist es unerlässlich, sich an bestimmte Formalien zu halten. Von größter Wichtigkeit für das Funktionieren einer Forschungsgemeinschaft ist es, immer genau zu beachten und zu kennzeichnen, wer welche Ideen und Problemlösungsvorschläge wie, wann und wo eingebracht hat, damit man in seinen Bemühungen immer auf die ganze Breite der schon geleisteten Arbeit zurückgreifen kann. Deshalb darf in keiner wissenschaftlichen Arbeit – auch in keiner Hausarbeit – ein Literaturverzeichnis fehlen, das alle relevanten Informationen für einen solchen Rückgriff bereitstellt, indem es alle Bücher und Artikel in alphabetischer Reihenfolge aufführt, die in der jeweiligen Hausarbeit verarbeitet wurden. Auch sind in jeder wissenschaftlichen Arbeit alle Gedanken zu kennzeichnen, die nicht der eigenen Originalität und Kreativität zu verdanken sind. Dabei sind bestimmte, einheitliche Formalien einzuhalten, um die Leserin/den Leser möglichst schnell und effizient über den eigenen Beitrag und seine Quellen zu informieren (vgl. dazu Kap. 3). Um Literatur richtig verarbeiten und eigenständig den eigenen, unverwechselbaren Beitrag in den Forschungsprozess einspeisen zu können bzw. um das jeweilige Problemniveau oder Themengebiet überhaupt erst einmal kennenzulernen, ist es notwendig, die relevante Literatur zu finden und sich zu erschließen (vgl. Kap. 2). Sodann ist es erforderlich, Kenntnisse darüber zu erwerben, auf welche Weise das so erreichte Wissen in das Forum der Universität eingebracht werden kann – sei es in Form einer Hausarbeit oder eines Referats (vgl. Kap. 4 und 5).

Das vorliegende Kompendium ist ein Nachschlagewerk, das zu einem hilfreichen Studienbegleiter werden kann. Neben den bereits genannten Teilen gibt es nützliche Tipps zur Studienorganisation und eine Liste mit grundlegenden Literaturhinweisen zu den einzelnen Bereichen der Theologie (vgl. Kap. 6). Da sich dieses Kompendium explizit an Theologiestudierende richtet, werden in einem ersten Teil die theologischen Disziplinen vorgestellt und damit der inhaltliche Rahmen des Studiums skizziert (vgl. Kap. 1).

Dieses Buch ist in einem über 15 Jahre langen Erprobungsprozess an den Universitäten Köln und Paderborn und für die 2. Auflage auch in Kooperation mit Lehrenden der Universität Bonn entstanden. Zu viele studentische Tutorinnen und Tutoren haben an ihm mitgearbeitet und einzelne Materialien erarbeitet, als dass wir ihnen hier allen danken könnten. Namentlich erwähnen möchten wir aber wenigstens Dr. Andrea Lange, die wahrscheinlich die meisten Vorarbeiten für den Band in der Kölner Zeit gemacht hat und die sicher an manchen Stellen direkt für die von uns verwendeten Formulierungen Pate gestanden hat, ohne dass wir das heute noch rekonstruieren könnten, weil doch auch viele andere an dem Manuskript mitgeschrieben haben. Besonders danken möchten wir schließlich Melina Sieker, die aus der Paderborner Zeit am meisten mitgeholfen und sich auch um das Korrekturlesen verdient gemacht hat, sowie dem Bonner Team, das sich um die Ergänzungen und Aktualisierungen für die zweite Auflage verdient gemacht hat, insbesondere Florian Kluba und Leonhard Banowski. Ebenso danken wir dem Bonner Mittelbau für die Ergänzung und Überarbeitung der Grundlagenliteratur. Danken möchten wir schließlich Dr. Nadine Klassen, die in kompetenter und verlässlicher Weise den Band für UTB betreut hat und die uns überhaupt erst den Anstoß zu seiner Veröffentlichung gegeben hat.

Wir hoffen sehr, dass der lange Entstehungs- und Erprobungsprozess des Buches dazu beiträgt, dass es tatsächlich die Fragen und Probleme der Studierenden zu klären und zu beantworten hilft. Und wir wünschen all unseren Leserinnen und Lesern viel Spaß und Erfolg beim Studium der Theologie!

1. Die Theologie in ihrer Einheit und Vielfalt

Theologie ist vernünftige Rede von Gott. Es geht in ihr darum, mit Hilfe der Vernunft (griech. LOGOS) Zeugnis zu geben von Gott (griech. THEOS). Christliche Theologie bezieht sich in diesem Zeugnis zentral auf Jesus Christus, der als Wort (griech. LOGOS) Gottes geglaubt wird, so dass dieses Wort zentrale Grundlage jeder christlichen Gottrede ist. Aufgabe der christlichen Theologie ist es, eine Übereinstimmung zwischen dem Wort Gottes, seinem Zeugnis in der Geschichte und dem eigenen Zeugnis herzustellen, so dass dieses Wort als vernünftig einsehbar und für die heutige Zeit sagbar wird.

Schon aus dieser ersten einleitenden Charakterisierung der Theologie lassen sich ihre vier Bereiche und Aufgabengebiete erschließen. Ausgangspunkt christlicher Theologie ist der in der Geschichte zugänglich gewordene Logos Gottes, der im Menschen Jesus von Nazaret menschliche Gestalt angenommen hat. Nach christlicher Überzeugung wird dieser Logos ursprünglich in der Bibel bezeugt, so dass die Bibel die *norma normans non normata* der Theologie darstellt, d.h. jede christliche Theologie hat von der Bibel auszugehen und muss sie in ihrer normativen Bedeutung ernst nehmen. Dabei ist allerdings zu bedenken, dass die Bibel nur deswegen Wort Gottes ist, weil sie den Logos Gottes bezeugt, der in Christus Gestalt gefunden hat. Jesus Christus ist deswegen die innere Mitte der Schrift. Zugleich kann Christus nicht ohne die Schrift erkannt werden, so dass ein hermeneutischer Zirkel zwischen Schrift und dem Christuszeugnis der Kirche besteht, weshalb zumindest aus katholischer Sicht Schrift und Tradition nicht gegeneinander ausgespielt werden dürfen. Denn die Kirche hält Christus durch die Zeit hindurch lebendig, so dass auch in ihr und ihrer Schriftauslegung der Logos Gottes lebendig ist.

Ausgangspunkt der christlichen Theologie bleibt jedoch die Heilige Schrift aus Altem/Erstem[1] und Neuem Testament. Beide Teile der Bibel gilt es nach allen Mitteln der Kunst auszulegen und zu verstehen. Dazu muss der Text zunächst einmal im Blick auf seine Entstehungssituation und seine ersten Rezipienten rekonstruiert werden. Es ist

[1] Der Zusatz Erstes Testament soll verdeutlichen, dass das Alte Testament nicht durch das Neue Testament überboten wird, sondern beide Testamente gleichberechtigt die eine Bibel bilden. Vgl. ERICH ZENGER, Das Erste Testament. Die jüdische Bibel und die Christen, Düsseldorf ^{2}1992.

also zu überlegen, wer in welcher Zeit mit welchen Adressaten warum und mit welcher Absicht diesen Text geschrieben hat. Natürlich wird man bei diesen Fragen nie zu einem definitiven Ergebnis kommen. Aber es geht darum, die historischen Umstände der Bibelentstehung möglichst genau zu rekonstruieren. Die Exegese ist in ihrer Auslegung des Alten/Ersten und des Neuen Testaments Anwältin des Textes, die versucht seine ursprüngliche Gegebenheit, Sperrigkeit und Fremdheit gegen ideologische Zugriffe zu verteidigen. Denn gerade in dieser seiner Andersheit kann der Text helfen, den je größeren, unsere Erwartungen übersteigenden Gott in seinem Wort zu entdecken.

Das Studium der *Biblischen Theologie* ist meistens so organisiert, dass man zunächst in einleitungswissenschaftlichen Veranstaltungen grundlegende Kenntnisse über die verschiedenen biblischen Schriften erhält. Danach, oder auch parallel dazu, lernt man das Handwerkszeug zur Auslegung der Bibel kennen, indem man unter anderem den Methodenkanon der historisch-kritischen Forschung erarbeitet. Schließlich werden vor dem Hintergrund des Gesamtüberblicks des biblischen Schrifttums Einzelexegesen verschiedener Schriftstellen durchgeführt oder es werden einzelne biblische Bücher in ihrer Gesamtheit ausgelegt. Ziel sollte dabei immer sein, eine biblische Theologie zu entwickeln, also die Bibel zu nutzen, um von ihr ausgehend die eigene Theologie zu skizzieren.

Die Bibel enthält eine Vielzahl von Theologien, die durch die Geschichte hindurch sehr unterschiedlich ausgelegt worden sind. Da es in der christlichen Theologie nicht nur um die Auslegung der Schrift, sondern auch um ihre Bezeugung in allen Zeiten der Geschichte des Christentums geht und da gerade der katholische Glaube bekennt, dass Christus in seiner Kirche lebendig ist, braucht es neben der Biblischen Theologie auch eine *Historische Theologie*, die die Entfaltung des christlichen Glaubens durch die Geschichte hindurch betrachtet. Dabei geht es darum, den göttlichen Logos in der Vielzahl seiner Bezeugungen in der Geschichte zu entdecken und die große Bandbreite von Gestalten der Kirche im Laufe von beinahe 2000 Jahren Kirchengeschichte kennenzulernen.

Beim historischen Blick auf die Tradition der Kirche geht es also darum, zu rekonstruieren, wie der Glaube von Generation zu Generation weitergegeben und wie das Wort des Glaubens je neu verstanden und vergegenwärtigt worden ist. Dabei muss man sich bewusst sein, dass es nicht immer die geschichtlich greifbare Kirche war, in der der Logos des Glaubens lebendig gehalten wurde. Die Geschichte der Christenheit ist

> durchaus nicht nur Siegergeschichte, in der ein ‚Haus voll Glorie' unter den Völkern errichtet wurde, sondern auch eine Geschichte voll menschlicher Begrenztheiten und Ängste, voller Machtgier und Engstirnigkeit, so daß manche Errungenschaften der Christenheit zuerst außerkirchlich durchgefochten werden mußten, ehe die Kirche selbst erkannte, daß ihre ureigenste Überlieferung auch in ihr selbst zum Durchbruch drängte (vgl. Menschenrechte; Demokratisierung; Gleichberechtigung der Geschlechter u.a.).[2]

In der Kirchengeschichte bzw. der Historischen Theologie geht es also nicht nur um die Geschichte der Institution Kirche, sondern um die Geschichte des Christentums in Auseinandersetzung mit anderen Religionen, Weltanschauungen und Entwicklungen der Geschichte. Letztlich geht es um das Zeugnis von Gottes Leben schaffendem und orientierendem Geist, der innerhalb und außerhalb der Kirche je neu Gestalten des Logos Gottes erkennbar macht. Dabei bleibt der biblisch bezeugte und durch die Kirche tradierte Logos Jesus Christus der normative Bezugspunkt der Theologie.

Das Studium der Kirchengeschichte ist in der Regel so aufgebaut, dass man einerseits Überblicksvorlesungen zu den verschiedenen Epochen der Kirchengeschichte besucht, um einen möglichst umfassenden Überblick über die Geschichte des Christentums zu bekommen. Dabei ist das Erlernen eines gewissen Grundgerüsts an Daten und Fakten unerlässlich. Andererseits geht es in einzelnen Tiefenbohrungen darum, mit dem Handwerkszeug der historischen Wissenschaft einzelne Gestalten und Geschehnisse der Geschichte des Christentums in ihrer Wechselwirkung mit ihrer Zeit genauer unter die Lupe zu nehmen und zu überlegen, ob und wie in ihnen der Logos Gottes erkennbar wird.

Überblickt man die gesamte Diskussionslage der Biblischen und der Historischen Theologie, so ergibt sich ein sehr vielschichtiges Bild des Christentums und man sieht, wie unterschiedlich der Logos Gottes bereits in der Bibel und dann noch mehr im Laufe der Geschichte bezeugt worden ist. Die *Systematische Theologie* hat die Aufgabe, diese Vielfalt so zu bündeln, dass Möglichkeiten zeitgemäßer Verantwortung des Glaubens vor dem Forum der Vernunft erkennbar werden. Zwar bleibt es die Entscheidung des einzelnen Theologen und der einzelnen Theologin – auch der Studentin und des Studenten – den je eigenen Weg der Bezeugung des Glaubens zu

---

[2] JOSEF WOHLMUTH, Einblick in die Bereiche und Einzeldisziplinen und ihre innere Einheit. In: DERS. (Hg.), Katholische Theologie heute. Eine Einführung. 2., verb. Aufl., Würzburg 1995, 47.

finden und den Logos in der Weise auszusagen, dass er für sie/ihn selbst und andere verständlich wird. Aber die Debattenverläufe innerhalb der Systematischen Theologie machen deutlich, welche Systematisierungen christlichen Glaubens heute noch vertretbar und argumentativ ausweisbar sind.

Die Systematische Theologie ist dabei noch einmal in zwei große Aufgabenbereiche geteilt. Auf der einen Seite geht es um die Reflexion der Glaubensinhalte. Hier ist zunächst einmal die Fundamentaltheologie zu nennen, die – ähnlich einem Außenministerium – den Glauben nach außen hin verantwortet und die Beziehungen zu anderen Religionen und Weltanschauungen klärt, insbesondere auch zu der vielfältigen Form der Religionskritik, aber auch die Beziehungen zu naturwissenschaftlichen Erkenntnissen oder neueren Entwicklungen der Kulturwissenschaft. Darüber hinaus ist die Dogmatik als die Wissenschaft zu nennen, die die innere Durchdringung des Glaubens und seine Vermittlung mit der kirchlich bezeugten Glaubenstradition leistet. Ihr geht es um die Vergegenwärtigung und Interpretation jener Inhalte des christlichen Glaubens, die im Laufe der Geschichte (z.B. Konzilien) für die Gemeinschaft der Glaubenden (Kirche) identitätsbildend und verbindlich geworden sind und den Kernbestand des christlichen Glaubensbekenntnisses ausmachen.

Auf der anderen Seite wird neben Fundamentaltheologie und Dogmatik in der Regel auch die Theologische Ethik zum Bereich der Systematischen Theologie gezählt. In ihr geht es um das, was der Glaube zu tun aufgibt. Die Theologische Ethik geht der Bedeutung des christlichen Glaubens für die individuelle Orientierung menschlichen Handelns (Moraltheologie) sowie für die Gestaltung der Gesellschaft (Christliche Gesellschaftslehre bzw. Sozialethik) nach. Sie untersucht, wie menschliches Leben gelingen kann und mit welchen Widerständen christliche Entwürfe gelingenden Lebens konfrontiert sind.

Die Systematische Theologie hat also die Aufgabe sowohl die Glaubensinhalte als auch die daraus resultierenden Handlungsorientierungen als vernunftgemäß auszuweisen. Das bedeutet nicht, dass der christliche Glaube durch diese wissenschaftlichen Reflexionen bewiesen werden soll. So wenig wie ich beweisen kann, dass meine Eltern mich lieben, so wenig kann ich beweisen, dass Gott uns liebt und sich um den Menschen sorgt. Zugleich habe ich aber eine Reihe von Anhaltspunkten für meinen Glauben daran, dass meine Eltern mich lieben. Und die Aufgabe der Systematischen Theologie ist es solche Anhaltspunkte und Argumente für die Inhalte des christlichen Glaubens zu geben.

Ist diese Aufgabe erfüllt und ist es also gelungen, den christlichen Glauben auch in unserer Zeit als vernunftgemäß und seine ethischen Forderungen und Handlungsorientierungen als lebensfördernd auszuweisen, geht es im vierten großen Bereich der Theologie darum, wie dieser Glaube in der Praxis bezeugt und vermittelt werden kann. Der *Praktischen Theologie* geht es also darum, wie Glaube so gelebt und weitergegeben werden kann, dass durch das Lebenszeugnis der Christinnen und Christen heute das unbedingte Zusagewort Gottes erfahrbare Wirklichkeit werden kann.

Dabei unterscheidet man die Bereiche der Praktischen Theologie, in denen es um die Gestalt von Gemeinde, ihre Feier und ihre Strukturen geht, von dem Bereich der Praktischen Theologie, der die Ausbildung von Religionslehrkräften vor Augen hat. Da mittlerweile mit Abstand die meisten Studierenden der Theologie in Deutschland Lehramtsstudierende sind, tritt dieser Bereich derzeit oft sehr in den Vordergrund, so dass es wichtig ist, im Auge zu behalten, dass es in der Praktischen Theologie zuerst darum geht, wie Glaube gelebt und in die Gesellschaft hinein vermittelt werden kann. Der Pastoraltheologie geht es um die Frage, wie der christliche Glaube in der Gemeinde gelebt werden kann, wie also glaubwürdige und zukunftsweisende Gestalten von Kirche entwickelt werden können, die es erlauben, auch heute noch Zeugnis vom Reich Gottes zu geben. Die Liturgiewissenschaft beschäftigt sich mit der Frage, wie der Glaube gefeiert werden kann. Wie kann durch die Gestaltung von Gottesdiensten das in Christus gegebene göttliche Zusagewort erfahrbar inszeniert werden? Auch hier ist der Rückblick auf unterschiedliche liturgische Traditionen in der Geschichte und auch die Wahrnehmung der ganzen Vielfalt gottesdienstlicher Formen in der Gegenwart Teil der Wissenschaft; im Kern geht es aber um die Bestimmung angemessener Formen der Feier des Glaubens heute.

In der Religionspädagogik geht es – wie bereits angedeutet – um die wissenschaftliche Reflexion auf den schulischen Religionsunterricht und um die Entwicklung religionspädagogischer Grundprinzipien, die den späteren Religionsunterricht prägen können. Im Kirchenrecht schließlich geht es um die Strukturen der Kirche und um die Frage, wie durch das Recht in der Kirche eine Gestalt von Kirche geformt werden kann, die die unbedingte Zusage Gottes in Jesus Christus auch geschichtlich klar sichtbar macht. In allen Bereichen der Praktischen Theologie geht es aber um die konkrete Gestalt des christlichen Zeugnisses heute und um den Versuch, die Praxis dieses Zeugnisses reflexiv zu begleiten.

Alle vier großen Bereiche der Theologie sind engstens aufeinander bezogen. Man kann nur eine konkrete praktische Gestalt von Kirche begründen, wenn man unter Rückbezug auf die Schrift und Tradition mit guten Gründen eine bestimmte Gestalt von Kirche als zeit- und vernunftgemäß auszuweisen vermag. Eine Biblische Theologie, die sich nicht ihrer verschiedenen historischen Auslegungsgestalten bewusst ist und die nicht auf die systematischen Fragestellungen unserer Zeit reagiert, um so christliche Praxis anzuleiten, würde zum bloßen Textpositivismus. Eine Historische Theologie, die nicht eng mit den anderen Bereichen der Theologie kommuniziert, wäre nicht mehr von einer profanen Geschichtsschreibung der Kirche zu unterscheiden. Und eine Systematische Theologie, die sich nicht immer wieder ans biblische Zeugnis rückbindet, ist in Gefahr zur bloßen Ideologie zu werden. Außerdem kann sie nur durch historische Querverweise auch die Zeitverhaftetheit des eigenen Denkens erkennen und fruchtbar machen, und sie kann erst vor dem Horizont der Fragen der Praktischen Theologie davor bewahrt werden, sich vom christlichen Lebensvollzug zu entfernen. Alle vier Bereiche der Theologie gehören also eng zusammen und in jedem Teilbereich der Theologie müssen auch die Fragen der anderen Disziplinen im Blick bleiben.

> Daraus ergibt sich nicht zuletzt, daß die ganze Theologie ihre biblische Fundierung hat, daß der ganzen Theologie eine historische Dimension zukommt, daß die gesamte Theologie die glaubende Vernunft herausfordert und daß schließlich die gesamte Theologie nach einer Praxis der Nachfolge verlangt.[3]

---

[3] Wohlmuth, Einblick in die Bereiche und Einzeldisziplinen und ihre innere Einheit, 45.

Die vier Theologischen Disziplinen mit ihren jeweiligen Einzeldisziplinen[4]

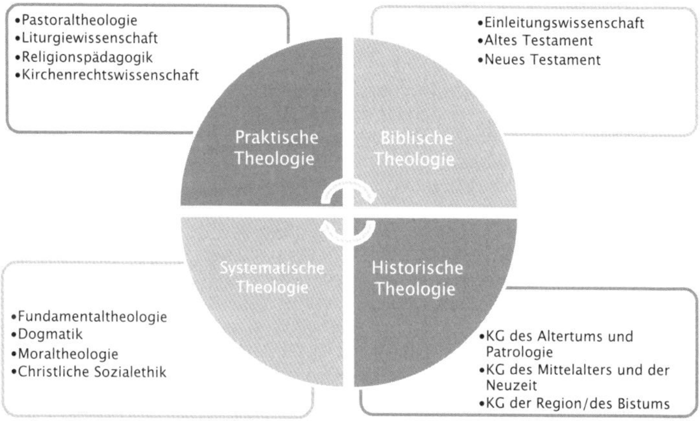

4 Die Zuordnung des Kirchenrechts kann je nach Schwerpunktsetzung schwanken. Neben den genannten Disziplinen gibt es Spezialdisziplinen wie Judaistik, Orientalistik, Kirchliche Zeitgeschichte, Theologiegeschichte, Missionswissenschaft, Caritaswissenschaft, Religionsphilosophie, ökumenische Theologie, Theologie der Religionen, Homiletik, Religionspsychologie und Religionssoziologie, die hier aber weggelassen werden, weil sie nur an großen Fakultäten eigens gelehrt werden und je nach Standort auch unterschiedlich zugeordnet werden.

Übersicht über die Theologischen Bereiche mit ihren zentralen Inhalten und Methoden[5]

Bereich	Zentrale Inhalte	Vorrangige Methode
A Biblische Theologie	**Die Originalität des Glaubens** Die biblische Literatur in ihrer Genese, in ihrer ursprünglichen und bleibenden Bedeutung als kanonische „Urkunden des Glaubens"	Methoden der Textinterpretation Historisch-kritische Methoden
B Historische Theologie	**Die Traditionalität des Glaubens** Die Geschichte der Kirche(n) und der Theologie(n) im Prozess des Anvertrauens des Glaubens von Generation zu Generation	Methoden der historischen Wissenschaft
C Systematische Theologie	**Die Rationalität des Glaubens** Die Verantwortbarkeit des Glaubens in der Gegenwart als Denk-, Lebens- und Strukturform der Kirche(n). Glaube vernunftgemäß rekonstruieren	Methoden der Argumentation
D Praktische Theologie	**Die Praktikabilität des Glaubens** Lebbarer und gelebter Glaube in der Zeitgenossenschaft von Kirche und Gesellschaft und im Heute des Heilsangebotes	Empirische Forschungsmethoden Methoden der Vermittlung und Aktualisierung

5 Die nachfolgende Übersicht ist angelehnt an die Übersicht von Wohlmuth, Einblick in die Bereiche und Einzeldisziplinen und ihre innere Einheit, 44.

2. Literaturrecherche und Lesestrategien

Geisteswissenschaftliches Arbeiten beruht in erster Linie auf der Arbeit mit Literatur. Forschungsergebnisse werden in Form von wissenschaftlichen Aufsätzen und Publikationen festgehalten. Sie stellen damit das Grundgerüst jeder Studienleistung – sei es als Hausarbeit oder als Referat – dar. Aus diesem Grund ist es unerlässlich, sich möglichst frühzeitig Techniken anzueignen, die helfen, aus dem Berg von zugänglicher Literatur die für das jeweilige Thema geeigneten Texte auszuwählen und sie in einem zweiten Schritt so zu bearbeiten, dass der Inhalt als Basis für die nachfolgende Ausarbeitung dienen kann. In den folgenden zwei Unterkapiteln sollen deshalb zum einen Techniken der Literaturrecherche (2.1) und zum anderen Lesestrategien (2.2) vorgestellt werden.

2.1 Die Literaturrecherche

Der Beginn jeder wissenschaftlichen Arbeit ist eine ausführliche Literaturrecherche. Dabei wird nach Literatur gesucht, die sich direkt mit dem zu behandelnden Thema oder mit einem angrenzenden Themenaspekt beschäftigt und zitierfähig ist. Geeignete wissenschaftliche Literatur zeichnet sich dadurch aus, dass sie den wissenschaftlichen Standards entspricht und die dargestellten Positionen und Ergebnisse durch Literaturhinweise belegt und diese damit nachprüfbar sind. Anhaltspunkte, ob es sich bei der gefundenen Literatur um zitierfähige Werke handelt, bieten folgende Aspekte:

- Der Autor: Ist der Autor ein bekannter Theologe bzw. ein ausgewiesenes Mitglied der *scientific community*? Gerade in der Theologie gibt es mitunter Autoren, die zwar gelehrt über den Glauben schreiben, dabei aber jegliche wissenschaftliche Standards missachten und deshalb auch nur begrenzt zitabel sind. Außerdem sollte man auf das Alter eines Buches achten. Wenn seine Erstpublikation schon über 40 Jahre zurückliegt, sollte man es nur beachten, wenn der Autor bzw. die Autorin eine hohe wissenschaftliche Reputation hat. Handelt es sich bei dem vorliegenden Beitrag um einen Forschungsschwerpunkt des Autors?

Hat er weitere Beiträge zum Thema veröffentlicht? Beziehen sich andere Autoren auf ihn? Informationen hierzu liefern u.a. der Klappentext, die Website des Autors, einschlägige Artikel aus Fachlexika und die weitere Literaturrecherche.

- Der Verlag: Welcher Verlag hat den vorliegenden Beitrag veröffentlicht bzw. in welcher Fachzeitschrift ist er erschienen? Es gibt für jedes Fach bestimmte Fachverlage, die bestimmte Standards an die von ihnen publizierten Werke legen. Für das Fach Katholische Theologie können hier beispielsweise der Herder-Verlag, der Schöningh-Verlag, der Verlag Friedrich Pustet, der Matthias Grünewald Verlag, der Kohlhammer-Verlag etc. genannt werden. Wichtige Fachzeitschriften finden Sie unter Kapitel 6.
- Der Aufbau: Basiert der vorliegende Beitrag auf wissenschaftlichen Standards? Verfügt er über Quellenangaben, Literaturhinweise bzw. -verzeichnisse? Handelt es sich um aktuelle Forschungsergebnisse?

Die erste Anlaufstelle für die Suche nach wissenschaftlicher Literatur ist die Universitätsbibliothek oder die Fachbibliothek des theologischen Instituts bzw. der theologischen Fakultät. Hier finden Sie für Ihren Fachbereich ausgewählte wissenschaftliche Literatur sowie den Zugang zu einer Vielzahl an Datenbanken zur Literaturrecherche.

Die meisten Universitätsbibliotheken verfügen über einen *Online-Bibliothekskatalog (OPAC)*, mit dem die in der Bibliothek vorhandenen Werke durchsucht werden können. Der Katalog bietet verschiedene Möglichkeiten nach Literatur zu suchen: Man kann zum einen in einer *einfachen Suche* gleichzeitig verschiedene Felder wie z.B. Autor, Titelstichwort, Schlagwort,[6] Erscheinungsjahr etc. durchsuchen. Bei dieser freien Suche erhält man meist eine hohe Trefferzahl. Sie eignet sich vor allem dann, wenn man schon mehrere Worte aus dem Titel oder den Autor kennt, da es ansonsten zu müh-

---

[6] Ein Titelstichwort ist hierbei ein Wort, das für den jeweiligen Titel der Schrift am charakteristischsten ist, ein Schlagwort ist dagegen ein vom zuständigen Bibliothekar gewählter Begriff (oder mehrere), der den Inhalt oder Gegenstand des jeweiligen Buchs am treffendsten bezeichnet, im Titel jedoch sehr häufig nicht vorkommt. Vgl. dazu KONRAD HILPERT, Praktische Hinweise zur Anfertigung einer wissenschaftlichen Arbeit. In: FRANZ-JOSEF NOCKE/ HANS ZIRKER (Hg.), Einübung in die Systematische Theologie, München 1984, 142-160, hier 143.

selig ist, die gesamten Treffer nach geeigneten Titeln zu durchforsten. Möglich ist auch, nur einzelne Felder in einer erweiterten Suche anzusprechen oder verschiedene Felder miteinander zu kombinieren. So könnte man beispielsweise nach dem Schlagwort „Trinität" und dem Erscheinungsjahr 2023 suchen. Neben dieser Suchmethode gibt es die sogenannte *Indexsuche*, bei der man alphabetisch sortierte Listen durchsuchen kann, die alle Begriffe und Namen aufführen, die im jeweiligen Katalog enthalten sind. Dies ist zum Beispiel dann sinnvoll, wenn die korrekte Schreibweise des Suchbegriffes nicht bekannt ist. Schließlich gibt es die Möglichkeit in der Fachsystematik der jeweiligen Bibliothek zu suchen. Hier werden verschiedene Werke zu thematischen Gruppen zusammengefasst und systematisiert. Indem man eine thematische Gruppe anspricht, findet man alle in der Bibliothek vorhandenen Werke zum gewählten Thema. Diese Suchvariante entspricht in etwa der einfachen Suche im Regal einer Bibliothek. Wenn Sie ein bestimmtes Buch in den Regalen der Bibliothek suchen, ist es immer interessant zu schauen, welche Bücher im selben Regal aufgestellt sind, da sie meist ein ähnliches Thema behandeln. Ein Vorteil der Indexsuche gegenüber dem Blick in das Regal der Bibliothek liegt darin, dass man alle in der Bibliothek geführten Werke finden kann; die Suche im Regal der Bibliothek zeigt jedoch nur die Werke, die zur Zeit nicht ausgeliehen sind.

Eine weitere Möglichkeit der Literaturrecherche besteht darin, in einem *Verbundkatalog*[7] zu suchen, in dem mehrere Kataloge verschiedener Bibliotheken zusammengefasst sind. Dadurch ergibt sich die Möglichkeit, auch auf Literatur zu stoßen, die in der örtlichen Bibliothek nicht geführt wird. Diese kann dann durch eine Fernleihe für einen geringen Kostenbeitrag in die örtliche Bibliothek bestellt werden.

Neben dem Bibliothekskatalog gibt es *Fachdatenbanken*, die entweder lediglich bibliographische Angaben zu den Werken eines

---

7 Ein Beispiel für einen Verbundkatalog ist der HBZ-Verbundkatalog (Hochschulbibliothekszentrum), der die Bestände der Hochschulbibliotheken Nordrhein-Westfalens sowie eines großen Teils von Rheinland-Pfalz aufführt. Eine weitere Möglichkeit ist die Suche auf den Seiten der *Deutschen Nationalbibliothek*, die alle deutschen und deutschsprachigen Publikationen ab 1913 bibliographisch verzeichnet. www.dnb.de. Der *Karlsruher Virtuelle Katalog* ist eine Metasuchmaschine, die mehr als 500 Millionen Bücher, Zeitschriften etc. in Bibliotheks- und Buchhandelskatalogen weltweit zusammenführt. So hat man die Möglichkeit auch internationale Titel zu suchen. http://www.ubka.uni-karlsruhe.de/

Faches aufführen oder auch über einen elektronischen Zugang zur recherchierten Literatur verfügen. Datenbanken können zumeist über zentrale Informationssysteme wie das DBIS (Datenbankinformationssystem) oder die DigiBib gefunden werden. Ein Beispiel für eine Fachdatenbank der Theologie ist der *Index Theologicus*, der Zeitschrifteninhaltsdienst Theologie der Universitätsbibliothek Tübingen. Hier werden Fachzeitschriften der Theologie und der Religionswissenschaften ausgewertet und der Suche zugänglich gemacht.[8] Der Vorteil einer solchen Datenbank liegt darin, dass der Katalog einer Bibliothek meist nur die Möglichkeit bietet, das in Buchform erschienene Schrifttum zu durchsuchen. Beiträge, die in einer Zeitschrift oder einem Sammelband erschienen sind, sind somit durch den Katalog nicht zu finden. Durch Datenbanken besteht aber die Möglichkeit, diese Beiträge zu finden. Mit dem Katalog kann dann in einem nächsten Schritt die Zeitschrift oder der Sammelband in der örtlichen Bibliothek gesucht oder per Fernleihe bestellt werden.

Das Vorgehen bei einer Literaturrecherche:

Wenn es darum geht, die Literatur für eine Seminararbeit zu beschaffen, sind die von der Lehrenden ausgegebenen Literaturhinweise bzw. Literaturlisten ein guter Anfang. Hier findet sich Basisliteratur, die als Ausgangspunkt für weitere Recherchen dienen kann.

Ein weiterer Weg kann darin bestehen, zunächst in den Katalogen der jeweiligen Bibliothek die Bestände zu dem zu bearbeitenden Thema mit den oben beschriebenen Methoden zu sichten, erste Buchtitel auszuwählen und sich von diesen ausgehend zu weiterer Literatur vorzuarbeiten.

Eine wichtige Technik ist das sogenannte *Schneeballverfahren*. Indem Literaturverzeichnisse und Fußnoten von einem erst kürzlich erschienenen Aufsatz oder Buchtitel ausgewertet werden, können viele weitere Literaturhinweise zusammengetragen werden.

Beispiel:

Für eine Hausarbeit zum Thema „Theodizee“ haben Sie zunächst die im Seminar angegebene Literatur gelesen und auf weitere Literaturhinweise durchgesehen.

---

[8] Neben dem *Index Theologicus* gibt es für den Bereich der Biblischen Theologie die Bibelwissenschaftliche Literaturdokumentation Innsbruck: www.uibk.ac.at/bildi/.

Parallel dazu könnten Sie zunächst im Index Theologicus nach den aktuellsten Publikationen zu diesem Thema suchen und diese in der nächstgelegenen Bibliothek ausfindig machen.

Wenn Sie die Literaturverzeichnisse und Fußnoten Ihrer Treffer begutachten, werden Sie schnell bestimmte Angaben finden, auf die sich mehrere Autoren immer wieder beziehen. Es lohnt sich, diese Titel selbst zu suchen und auch hier wieder die Literaturverweise zu beachten.

So werden Sie zumindest bei einem so allgemeinen Schlagwort wie „Theodizee“ zu einer großen Zahl an Treffern gelangen. Damit Sie nicht alle gefundenen Titel ausführlich bearbeiten müssen, bietet es sich an, die gefundene Literatur in einem nächsten Schritt auf ihre Brauchbarkeit zu prüfen. Dies kann mit der Methode der „Schnellen Bucheinschätzung“ geschehen. Folgende Schritte sind hierzu notwendig:

1. Schritt: Überblick über das Buch verschaffen
   Zunächst schauen Sie sich hierzu den äußeren Aufbau des Buches an, begutachten das Inhaltsverzeichnis, lesen den Klappentext, informieren sich über den Autor etc.
2. Schritt: Fragen an den Text stellen
   In einem nächsten Schritt überlegen Sie, auf welche Fragestellung das Buch eine Antwort geben soll, welches Problem in dem Buch behandelt werden soll.
3. Schritt: Querlesen
   Nun versuchen Sie durch Querlesen eine Antwort auf die gestellten Fragen zu erlangen. Dazu schauen Sie sich nochmals etwas intensiver das Inhaltsverzeichnis an, lesen in verschiedene Kapitel hinein und überfliegen die Einleitung und den Schluss des Buches, da hier Zielsetzung und Ergebnis des Autors meist kurz und prägnant zusammengefasst sind.
4. Schritt: Abschließende Beurteilung
   Nach diesen Schritten können Sie abschließend beurteilen, ob das Buch für die Bearbeitung des Themas geeignet ist oder nicht und damit die Trefferzahl der Literaturrecherche eingrenzen.

2.2 Lesestrategien

Nach einer ausführlichen Literaturrecherche muss die ausgewählte Literatur gelesen und bearbeitet werden. Dabei unterscheidet man zwischen *sichtendem* und *studierendem* Lesen, wobei das sichtende Lesen zunächst eine Übersicht verschafft, das studierende Lesen hingegen der intensiven Vorbereitung eines Referats bzw. einer Hausarbeit dient.

1. *Sichtendes Lesen* heißt, dass man sich einen ersten Überblick über den vorliegenden Text verschafft, um möglichst schnell Hauptaussagen des Textes herauszufinden. Dafür sind von einem Buch das Inhaltsverzeichnis, die Gliederung, die Einleitung, zusammenfassende Abschnitte, Auflistungen, Tabellen sowie Hervorhebungen im Text zu lesen. Vergleichbar ist dieser Schritt mit der *schnellen Bucheinschätzung*, wobei es hier nicht mehr um die Frage geht, ob das vorliegende Buch überhaupt geeignet ist, sondern darum, sich vor dem studierenden Lesen schon einen ersten Überblick über den Text zu verschaffen.

2. *Studierendes Lesen* heißt, dass man einen genauen Einblick in den Inhalt des vorliegenden Werks bekommt. Dafür liest man das ganze Buch oder zumindest die für die Fragestellung relevanten Kapitel, u.U. Besprechungen/Rezensionen. Unerlässlich ist dabei die Bearbeitung des Textes durch Unterstreichungen und Anmerkungen. Bei geliehenen Büchern ist stattdessen die Erstellung eines Exzerptes oder die vorherige Anfertigung von Kopien notwendig.

Studierendes Lesen

Das Studierende Lesen kann in drei Schritte eingeteilt werden:

1. <u>Inhaltliche Texterschließung</u>
   Hier geht es zunächst darum, den Text gründlich zu lesen und zu verstehen.
2. <u>Textübergreifende Texterschließung (Kontextbestimmung und Textvergleich)</u>
   Dieser zweite Schritt dient dazu, den Text in seinem theologischen und philosophischen Kontext wahrzunehmen, d.h. in welcher Zeit er entstanden ist, welche Positionen die Autorin vertritt und ob diese ggf. von früheren Positionen abweichen, welche Positionen von anderen Autoren zum selben Thema vertreten werden etc.

3. Erörterung und Beurteilung von Geltungsanspruch und Erklärungskraft des Textes
   Abschließend kommt es zur Beurteilung des vorliegenden Textes: War die Argumentation schlüssig, wo sind Problemfelder angesprochen worden? Ist das Fazit plausibel?

Für Studierende in der ersten Studienphase sind Schritt 1 und 3 von besonderer Bedeutung. Schritt 2 kann in den ersten Semestern des Studiums sicherlich nur teilweise vollzogen werden, da die philosophischen/theologischen Kontexte noch nicht genügend bekannt sind.

Im Folgenden sollen die Schritte näher betrachtet werden.

Schritt 1: Inhaltliche Texterschließung (Textwiedergabe bzw. -analyse)

Zur inhaltlichen Texterschließung bietet es sich an in fünf Schritten vorzugehen:[9]

1. Schritt: Überblick gewinnen
2. Schritt: Fragen an den Text stellen
3. Schritt: Lesen
4. Schritt: Rekapitulieren
5. Schritt: Wiederholen

Zunächst geht es im **ersten Schritt** darum, einen groben Überblick über das zu Lesende zu bekommen. Dazu schaut man sich das gesamte Kapitel und Unterkapitel an und versucht die Gliederung nachzuvollziehen. Das Vorwort und die Einleitung geben jeweils wichtige Hinweise auf den Inhalt des Buches; das Personen- und Sachregister zeigt, welche Autoren in der Arbeit berücksichtigt wurden. Zudem sollte der Text einmal quergelesen werden. Lohnende Haltepunkte beim Überfliegen sind beispielsweise Zwischenüberschriften oder der erste (nennt meist das Thema) und der letzte Satz (fasst zusammen, worum es ging) von Abschnitten (vergleichbar ist dieser erste Schritt mit dem sichtenden Lesen, s.o.).

[9] Als Basis für diese fünf Schritte dient die SQ3R-Methode nach Francis Robinson (1970) sowie deren Weiterentwicklung zur PQ4R-Methode. Vgl. hierzu Friedrich Rost, Lern- und Arbeitstechniken für das Studium. 5., aktual. und erw. Auflage, Wiesbaden 2008, 183; Otto Kruse, Lesen und Schreiben. Der richtige Umgang mit Texten im Studium, Konstanz 2010, 36.

Danach sollten Sie sich im **zweiten Schritt** überlegen, welche Fragen man durch den Text zu beantworten versucht. Für die Vorbereitung von Texten für eine Seminarsitzung sollten Sie sich beispielsweise klar machen, zu welchem Sitzungsthema der vorliegende Text bearbeitet werden muss und in welchem thematischen Zusammenhang er steht. Wenn der Text als Grundlage für die Erstellung der Seminararbeit dient, sollten Sie sich vergegenwärtigen, mit welchem Aspekt Sie sich gerade befassen und welche Problemstellungen damit verbunden sind. Das Stellen von Fragen an den Text ermöglicht es, zielgerichteter zu lesen und für das zu behandelnde Thema irrelevante Nebenaspekte auszuklammern.

Der ganze Text ist dann in einem **dritten Schritt** – ggf. auch mehrmals – zu *lesen*, und unbekannte Begriffe sind zu klären. Das Nachschlagen in einem Fremdwörterbuch ist meist für eine kurze Begriffsklärung sehr nützlich. Es folgt eine *Strukturierung und Gliederung* des Textes nach inhaltlichen Gesichtspunkten; eventuell können Sie hier Überschriften für einzelne Sinnabschnitte finden. Dies kann entweder am Textrand durch Notizen oder in Form eines Exzerptes geschehen. Beim Lesen sollten die in Schritt zwei entwickelten Fragen immer präsent bleiben. Meist werden in einem wissenschaftlichen Aufsatz verschiedene Problemfelder angesprochen. Hier ist es wichtig, sich nicht in Details zu verlieren, sondern im Auge zu behalten, in welchem Kontext der Text erarbeitet werden soll. Es kann manchmal hilfreich sein, Teile des Textes, die sich nicht explizit mit der Fragestellung beschäftigen, mit einem Bleistift wegzustreichen, um den Überblick nicht zu verlieren.

Für das intensive Lesen stehen weitere Methoden, wie das *Markieren (1)*, das *Exzerpieren (2)* oder das *Erstellen von Mindmaps oder Schaubildern (3)* zu Verfügung.

(1) Markieren

Die einfachste und gebräuchlichste Methode, Texte übersichtlicher zu gestalten, ist die des Markierens von wichtigen Textstellen. Aber vielleicht ist es Ihnen auch schon einmal passiert, dass nach dem Lesen fast der komplette Text markiert war, oder dass extrem wenige Sätze angestrichen waren in einem Text oder Abschnitt, den Sie nicht wirklich verstanden haben? Eine Hilfe, solches zu verhindern, kann es sein, erst nach dem Lesen des gesamten Abschnittes die wichtigsten Stellen zu markieren. Auch kann das Arbeiten mit verschiedenen Farben zur Übersichtlichkeit beitragen, zumal auch das fotografische Gedächtnis einen großen Beitrag im Lernprozess leistet. Die farblichen

Markierungen lassen sich schließlich auch durch graphische Elemente ergänzen.[10] Sinnvoll ist es, zu Beginn des Studiums ein System zu entwickeln und dies als Legende zu fixieren, damit im Laufe des Studiums immer mit denselben Markierungselementen gearbeitet werden kann und nicht die Frage entsteht, welche Markierung was bedeutet.

Ein Beispiel für eine Legende verschiedener Farben und graphischer Elemente könnte so aussehen:

Überschrift/Thema/Schlagwort im Text:	blau
Wichtige These:	grün
Hintergrundinformationen:	gelb
Zusammenfassendes Fazit:	orange
Namen:	<u>Unterstrichen</u>
Jahreszahlen:	Eingekästelt
Neuer Absatz:	
Achtung! Wichtig!	!!!
Fragwürdig:	???

(2) Exzerpieren

Ein zeitaufwendiges, aber auch gründliches Verfahren zur Bearbeitung von wissenschaftlichen Texten ist das Exzerpieren.[11] Ein Exzerpt zu erstellen, bedeutet die wichtigsten Gedanken eines Textes herauszuschreiben. Durch das Exzerpieren und die damit einhergehende gründliche Beschäftigung mit dem Text ist es möglich, auch sehr schwierige und komplexe Texte zu verstehen.

Ein Exzerpt kann entweder so angelegt werden, dass in der Reihenfolge der Gedankenführung des Textes kontinuierlich Zusammenfassungen der Kernaussagen, Stichworte, Paraphrasen (= Umschreibungen in eigenen Worten) oder wörtliche Zitate aufgeschrieben werden; oder das Exzerpt wird unter der Perspektive einer bestimm-

[10] Selbstverständlich sollte es sein, dass in entliehenen Büchern nichts angestrichen werden darf! Entweder müssen also wichtige Abschnitte eines Buches sowie Artikel aus Zeitschriften und Sammelbänden kopiert werden – dies bietet sich besonders bei den Präsenzbeständen der Bibliotheken an –, oder es sollte eine der beiden folgenden Methoden angewandt werden.

[11] Zu diesem Abschnitt vgl. auch HILPERT, Praktische Hinweise zur Anfertigung einer wissenschaftlichen Arbeit, 148f; ROST, Lern- und Arbeitstechniken für das Studium, 196-198; KRUSE, Lesen und Schreiben, 47f.

ten Problem- oder Fragestellung angefertigt, was sicherlich weniger Arbeit ist, als wenn alle einzelnen Gedankenschritte des Textes festgehalten werden.

Es empfiehlt sich, nur lose Blätter oder Karteikarten zu verwenden, um später noch Ergänzungen wie Nachträge, Begriffserklärungen, kritische Anmerkungen, Verweise auf andere Literatur etc. einfügen zu können. Aus dem gleichen Grund sollte ein breiter Rand gelassen werden. Auch sollten stets die Seitenzahlen des Originals notiert werden, um später vom Exzerpt aus richtig zitieren zu können, sowie die Seiten, die bisher noch nicht gelesen wurden. Für ein späteres Zitieren ist es ebenfalls wichtig, im Verlauf des Exzerptes wörtliche Zitate als solche kenntlich zu machen. Zu Beginn eines jeden Exzerptes sollte in jedem Fall die vollständige Literaturangabe des zu exzerpierenden Textes stehen.

Tipp: Richtiges Exzerpieren will gelernt sein. Das Üben des Exzerpierens sollte nicht auf das Ende der Studienzeit verschoben werden; sonst besteht die Gefahr, unter Zeitdruck (fast) jeden Satz abzuschreiben und sich im wahrsten Sinne des Wortes zu verzetteln bzw. zum Schluss nicht mehr Wichtiges von Unwichtigem unterscheiden zu können.

Ein Beispiel zum Exzerpieren:
„Der christliche Glaube bekennt von Jesus Christus, dass er der absolute Heilsbringer, die konkret geschichtliche Vermittlung unseres unmittelbaren Verhältnisses zum Geheimnis Gottes als des sich selbst Mitteilenden ist.“[12]

Seite	Thema	zentrale Aussagen	Eigene Notizen/ Fragen
300	– Jesus Christus	– Selbstmitteilung Gottes in Jesus Christus – Jesus Christus verbindet Gott und Menschen – Heil für Menschen in und durch Jesus Christus	– Was meint „Vermittlung“?

[12] Rahner, Karl, Grundkurs des Glaubens. Einführung in den Begriff des Christentums (Karl Rahner Sämtliche Werke 26). 2., unveränderte Aufl., Freiburg i.Br.-Basel-Wien 2008, 300.

(3) Mindmapping/Erstellen von Schaubildern
Insbesondere wenn man wenig Zeit hat, stellt das Entwerfen eines Mindmaps oder eines Schaubildes eine lohnende Alternative zum Erstellen eines Exzerptes dar. In einem Mindmap werden um ein Kernwort/Kernthema herum die einzelnen Unterthemen, Fragestellungen, Thesen oder Argumentationsschritte als Äste und erneute Verästelungen gegliedert. Diese Methode liefert langfristig zwar nicht so detaillierte Informationen wie das Verfassen eines Exzerptes, sie schafft aber wesentlich mehr Übersicht als ein solches. Während man ein Exzerpt noch einmal komplett durchlesen muss, um die wesentlichen Aussagen zu erfassen, gewinnt man bei einem Mindmap oder einem Schaubild – schon allein durch die graphische Darstellung – auf einen Blick die Übersicht über den Kerninhalt des gesamten Textes.

Beispiel Mindmap:

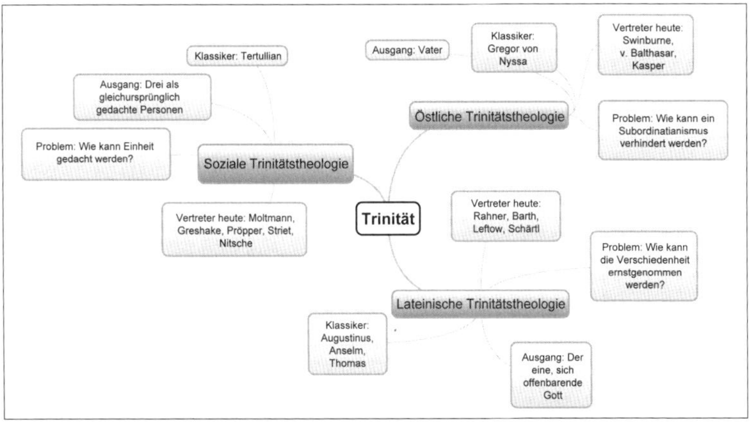

Nach dem ausführlichen Lesen, dem Erstellen eines Exzerptes, eines Schaubildes oder dem Markieren des Textes geht es im **vierten Schritt** darum, sich noch einmal zu vergegenwärtigen, was man eigentlich gelesen hat. Dies sollte sowohl nach der Lektüre eines Abschnitts oder Kapitels als auch nach der Bearbeitung des gesamten Textes geschehen. Der Text soll einerseits in seinen Aussagen und Argumentationen verstanden, andererseits aber auch kritisch reflektiert werden.

Der **fünfte Schritt** hilft abschließend, die zentrale Aussage des Gelesenen in kurzer und prägnanter Form festzuhalten, entweder als Schlusssatz in einem Exzerpt oder als Notiz unter dem Text. Zudem sollten Sie sich klar machen, inwiefern der Text die zuvor gestellten Fragen beantwortet.

Schritt 2: Textübergreifende Texterschließung (Kontextbestimmung und Textvergleich)

Die textübergreifende Texterschließung dient dazu, den gelesenen Text in seinen Kontext einzuordnen. Auf diese Weise kann genauer die Besonderheit des Textes verstanden werden und es gelingt eher, seinen Wert für eine übergreifende Fragestellung zu bewerten. Folgende Punkte sollten Sie hierzu beachten:

- Im Text selbst nicht angesprochene Zusammenhänge sollten geklärt werden, wenn sie das Verständnis erleichtern, z. B. das biographische, das zeit- und sozialgeschichtliche sowie das epochengeschichtliche Umfeld des Textes.
- Der Zusammenhang des Textauszuges mit anderen Äußerungen desselben Autors (zum behandelten Problem) kann aufgezeigt werden.
- Der Text sollte auch als Beitrag innerhalb einer übergreifenden philosophischen, theologischen und/oder gesellschaftspolitischen Diskussion verstanden werden. Somit folgt ein Vergleich des vorliegenden Textes mit anderen Beiträgen zu diesem Problemfeld. Dabei können folgende Vergleichsfragen nützlich sein:
  1. In welcher Weise versteht der Text das behandelte Problem?
  2. Wo bezieht der Autor sich explizit oder implizit auf andere Positionen? Distanziert er sich von diesen oder unterstützt er sie?
  3. Welche inhaltlichen Gesichtspunkte führt der Text – im Vergleich zu anderen – bei der Auseinandersetzung mit dem Problem an?
  4. In welcher argumentativen Weise geht er mit dem Problem um?

Schritt 3: Erörterung und Beurteilung von Geltungsanspruch und Erklärungskraft des Textes

Im abschließenden dritten Schritt geht es darum, den Text im Hinblick auf seinen Geltungsanspruch und seine Erklärungskraft zu beurteilen. Dazu sollten Sie folgende Punkte beachten:

- Erörterung der Aussagen des Textes im Hinblick auf ihren Geltungsanspruch.
  Dazu können folgende Erörterungsfragen leitend sein:
  1. Erfasst der Text das von ihm behandelte Problem in angemessener Weise?
  2. Welche Argumentationsziele und Erkenntnisinteressen verfolgt der Text?
  3. Ist der Argumentationszusammenhang des Textes in sich stimmig (Frage nach der Textkonsistenz und -kohärenz)? Wo liegen seine unausgesprochenen gedanklichen Voraussetzungen, wo ggf. Fehlschlüsse, Argumentationslücken etc.?
  4. Welche Konsequenzen bzw. Anwendungsmöglichkeiten ergeben sich aus den Hauptthesen des Textes, und wohin führen sie?
  5. Berücksichtigt der Text in seiner Argumentation alle wesentlichen Gesichtspunkte, und wird er dabei der Komplexität des von ihm behandelten Problems bzw. der Realität gerecht? (Hier ggf. Bezug auf andere theologische bzw. philosophische Positionen nehmen, jetzt aber in erörternder Weise.)

- Die selbstständige Stellungnahme vom eigenen Standpunkt her zum Problemlösungsbeitrag des Textes ist von hoher Bedeutung (Eigenständigkeit im Denken und selbständiger wissenschaftlicher Beitrag).
  Dabei können folgende Fragen die eigene Stellungnahme fundieren:
  1. Welche eigenen Standpunkte haben Sie selbst zu dem im Text behandelten philosophischen Problem?
  2. Mit welchen Argumenten werden diese eigenen Standpunkte gestützt? In welchem Verhältnis stehen Ihre Argumente zu denen des Textes?
  3. Welche weiterführenden, über den Text hinausgehenden Gesichtspunkte könnten zur Fundierung Ihrer eigenen Position angeführt werden?
  4. Wie ist die Argumentationsweise des Textes zu bewerten?

Du sollst nicht falsch zitieren!
UNI

3. Die Grundregeln des Zitierens

Beim Verfassen einer wissenschaftlichen Arbeit ist es von größter Relevanz, dass stets erkennbar bleibt, welcher Gedankengang, welche Stellungnahme, welche Schlussfolgerung und auch welche prägnante Formulierung von anderen übernommen wurde und welche vom Verfasser oder der Verfasserin selbst stammt.[13] Daher muss jede Ausführung, soweit diese (auch) auf fremden Erkenntnissen beruht, durch ein Zitat belegt werden.

Hierbei zu unterscheiden sind das *direkte* oder *wörtliche* Zitat, bei dem eine Passage aus der Vorlage im Wortlaut übernommen wird, und das *indirekte* bzw. *sinngemäße* Zitat, bei dem nicht im Wortlaut zitiert, sondern eine Passage oder ein Gedanke inhaltlich mit eigenen Worten wiedergegeben wird. Selbst wenn der Text letztlich vollständig selbst formuliert wurde, sich jedoch einer Quelle verdankt, handelt es sich um ein indirektes Zitat, das belegt werden muss. Übernimmt man einen fremden Text – sei es wörtlich oder auch nur sinngemäß – und fügt keinen Verweis ein, so wird er automatisch dem Verfasser zugerechnet, wodurch seine Arbeit (teilweise) zu einem Plagiat wird (zur Verwendung von textgenerierender KI vgl. Kap. 3.4.4). Eine sinngemäße Übernahme eines fremden Textes ist nur dann kein Plagiat, wenn der Text Allgemeinwissen oder fachliches Basiswissen enthält, das sowieso allen bekannt ist. So ist die Aufteilung der Theologie in die vier Bereiche der Biblischen, Historischen, Systematischen und Praktischen Theologie ein fachliches Basiswissen, das man im Bereich der Theologie voraussetzen darf, ohne dass man es durch Literatur belegen muss. Schreibt man allerdings die Gründe und Details der Aufteilung aus einen Lehrbuch oder einer Internetquelle ab, muss man dieses Zitat kenntlich machen.

Das Offenlegen von Quellen ist entgegen landläufiger Meinung gerade kein Eingeständnis der eigenen Unfähigkeit, sondern – im Gegenteil – der positive Nachweis ist, dass man mit Literatur- und Quellenmaterial selbständig umgehen und eigene Thesen durch die Ausführungen anderer untermauern kann. Deshalb sollte man also mit Zitaten nicht zu sparsam umgehen. Bedenkt man zudem, dass auch das bloße Vergessen der Kennzeichnung eines Zitats ein Plagiat darstellt, wird deutlich, wie wichtig es ist, immer genau über die eigenen

[13] Vgl. zum ganzen Abschnitt HILPERT, Praktische Hinweise zur Anfertigung einer wissenschaftlichen Arbeit, 153-155.

Lektüreergebnisse Buch zu führen, damit man die Gedanken, die man beim Lesen lernt, später auch korrekt nachweisen kann. Wenn Sie einfach aus Zerstreutheit einen Supermarkt leer räumen, ohne am Ende zu bezahlen, wäre auch dieser nicht aus böser Absicht geschehene Diebstahl strafwürdig. Im wissenschaftlichen Kontext ist es zwar moralisch gesehen wichtig, ob man absichtlich oder unabsichtlich Gedanken anderer stiehlt. Aber auch ein unabsichtliches Plagiat führt zur Entwertung der ganzen eigenen wissenschaftlichen Arbeit.

Wichtig bei der Berufung auf Literatur ist es, dass man in der Regel versuchen sollte, die dort geäußerten Gedanken in eigenen Worten und gemäß dem eigenen Ausdrucksvermögen wiederzugeben. Nur so erkennt die Dozentin, ob der verarbeitete Text auch verstanden wurde. Das wörtliche Zitieren sollte die Ausnahme bleiben und nur bei besonders prägnanten bzw. charakteristischen Formulierungen erfolgen. Als Faustregel sollte gelten, dass man nur das wörtlich zitiert, was man selbst nicht besser sagen kann. Dabei wird man selten mehr als einen zusammenhängenden Satz zitieren. Eine Hausarbeit, die zum Hauptteil aus wörtlichen Zitaten besteht oder die verarbeitete Literatur nur paraphrasiert, wird nicht anerkannt.

Den richtigen Mix aus wörtlichen Zitaten, entlehnten Überlegungen und eigenständigen Ideen in einer wissenschaftlichen Arbeit lernt man am besten, indem man bei der Lektüre von theologischen Büchern und Aufsätzen darauf achtet, wie die jeweiligen Autoren diesen Mix zubereiten. Wie für das ganze Theologiestudium gilt also auch für das Erlernen des methodischen Rüstzeugs: Am Lesen führt kein Weg vorbei, und durch aufmerksames Lesen theologischer Fachbücher lernen Sie am besten, wie man inhaltlich und methodisch beim wissenschaftlichen Arbeiten in der Theologie vorgeht.

3.1 Zitate in den eigenen Fließtext übernehmen

Für das Zitieren gilt, dass die einmal gewählte Methode konsequent durchgehalten werden muss. Die verwendeten Literatur muss immer einheitlich wiedergegeben werden.

In Bezug auf den Fließtext ist die Unterscheidung zwischen wörtlichen und sinngemäßen Zitaten und deren Kenntlichmachung eine der wichtigsten Konventionen. Ein direktes Zitat ist im Fließtext durch doppelte Anführungszeichen und den sich ohne Leerzeichen anschließenden Fußnotenvermerk in Form einer automatisch eingefügten, hochgestellten Zahl kenntlich zu machen.

Direktes Zitat:
Gisbert Greshake konstatiert in diesem Zusammenhang: „Das Problem des Zueinander von Einheit und Vielfalt ist – wie wir schon sahen – das Grund- und Schicksalsproblem des Abendlandes, nicht nur des abendländischen Denkens, sondern auch seines Menschenbildes und dessen praktischer Verwirklichung."[1]

Bei einem indirekten Zitat hingegen werden keine Anführungszeichen verwendet, es wird ausschließlich der Fußnotenvermerk gesetzt.

Indirektes Zitat:
Das trinitarische Bekenntnis entwickelte sich, wie Walter Kasper aufzeigt, nicht in einer reinen Spekulation, sondern hat den eigentlichen Sitz im Leben in der Taufe und der Eucharistie.[1]

Im Folgenden wollen wir uns näher mit den *direkten Zitaten* befassen, da es bei ihnen diverse Besonderheiten gibt, die es zu beachten gilt.

Soweit in einem direkten Zitat ein oder sogar mehrere vollständige Sätze übernommen werden, gehört der abschließende Punkt aus der Quelle zum Zitat dazu und wird vor den abschließenden Anführungsstrichen gesetzt. Ein weiterer Punkt im eigenen Fließtext wird dann überflüssig. In allen anderen Fällen beendet das Anführungszeichen das direkte Zitat, der Punkt folgt später und gehört dann zum laufenden Text. In beiden Fällen wird die Fußnotenziffer direkt hinter das abschließende Anführungszeichen gesetzt.

Übernahme des Punktes aus der Quelle:
Striet verweist in diesem Zusammenhang auf Kants moralischen Gottesbeweis, der Gott als notwendiges Postulat der menschlichen Vernunft annimmt. „Notwendiges Postulat aber ist ihr [der menschlichen Vernunft] eben der *freie* Gott, weil nur ein durch Freiheit sich auszeichnender Gott das definitive Sein der Freiheit gewähren und ihr Sinn ermöglichen kann."[1]

Einfügung des Punktes aufgrund seines Fehlens im Quelltext:
Denn wenn, so Striet, „wirklich Gott selbst in der Geschichte Jesu sich geoffenbart hat, dann darf auch mit einer ewigen Selbstunterscheidung Jesu vom Vater gerechnet werden"[1].

Erstreckt sich ein direktes Zitat ausnahmsweise über mehr als drei Zeilen, ist es üblich, dieses zur besseren Lesbarkeit und zur optischen Abgrenzung vom eigenen Text auf der linken Seite etwa 1cm einzurücken, die Schriftgröße, entsprechend der Schriftgröße in den Fußnoten, 2pt kleiner einzustellen – also beispielsweise 10pt bei Times New Roman, 9pt bei Arial – sowie den Zeilenabstand engzeilig zu wählen. Die Anführungsstriche können dann wegfallen.

Direktes Zitat über mehr als drei Zeilen:
So kann man mit Theißen/Merz „Wunder" wie folgt definieren:

> Ein Wunder ist ein Ereignis, das gegen normale Erwartungen eintritt und eine religiöse Bedeutung hat: Es wird als Handeln eines Gottes verstanden. Unter diese weite Definition fallen auch kosmische Zeichen (wie der Stern bei der Geburt Jesu oder die Sonnenfinsternis bei seinem Tod).[1]

Bei jedem wörtlichen Zitat ist darauf zu achten, dass das Zitieren überaus genau ist und nichts stillschweigend abgeändert wird. Das heißt, die Aussage darf nicht durch die Platzierung im eigenen Text entstellt werden und die Übernahme muss buchstaben- und zeichengetreu erfolgen, d.h. das Zitat muss in Textbestand, Orthographie, Zeichensetzung und Hervorhebungen vollständig übernommen werden. Selbst Rechtschreibfehler dürfen nicht verbessert werden, können aber kenntlich gemacht werden, um die entsprechende Zurechnung sicherzustellen. Im Folgenden werden einige der wichtigsten Beispiele angeführt.

Die alte Rechtschreibung wird in der Regel unverändert übernommen:
Der Bereich der Praktischen Theologie wäre jedoch falsch verstanden, wenn man ihn lediglich auf die Dimension des Handelns reduziert. „Wenn die Disziplinen der praktischen Theologie mit konkreten Praxisfeldern zusammenhängen, heißt dies weder, daß sich praktische Theologie als bloße Handlungsanweisung versteht, noch daß sie selbst sich als Handlungswissenschaft erschöpft."[1]

Orthographische Abweichungen bzw. Hervorhebungen werden nicht verändert:
Goldstick betont: „Descartes was right. God *could* make a contradiction true."

Selbst Rechtschreibfehler müssen übernommen werden:
Gijsbert van den Brink konstatiert: „It seems to me that this concensus[1] is to be accepted."

[1]Rechtschreibfehler im Original.

Alternativ:
Gijsbert van den Brink konstatiert: „It seems to me that this concensus [sic!] is to be accepted.

„sic!“ bedeutet wörtlich „so“ und meint in diesem Zusammenhang, dass an dieser Stelle korrekt zitiert wurde und der Fehler aus dem Original übernommen wurde.

Es gibt nur eine Abänderung, die man stillschweigend vornehmen darf: Zitiert man eine Textpassage wörtlich, in der bereits doppelte Anführungsstriche zur Hervorhebung angeführt sind, so werden diese im eigenen Text als einfache Anführungsstriche wiedergegeben.

Doppelte Anführungsstriche aus dem Original als einfache übernehmen:
„Das letzte Mahl Jesu war eine ‚Symbolhandlung‘“[1], so Theißen/Merz.
Quelltext: Das letzte Mahl Jesu war eine „Symbolhandlung“.

Sollte es weiterhin unvermeidbar sein, an der Orthographie des Originals etwas zu ändern, da diese beispielsweise nicht mit der eigenen Hervorhebungsweise zu vereinen ist, so wird dies gesondert im Fließtext in eckigen Klammern oder aber auch in einer Fußnote durch den Verweis „Im Original kursiv gedruckt“ / „Im Original fett gedruckt“ / „Im Original gesperrt“ o.ä. kenntlich gemacht.

Änderung der Schreibweise eines direkten Zitats:
Klaus von Stosch erklärt: „Die eine Offenbarung, von der her sich jede Rede von Offenbarung erschließt, ist aus christlicher Perspektive damit die Selbstoffenbarung bzw. Selbstmitteilung Gottes in Jesus Christus [im Original fett gedruckt].“[1]

Alternativ:
Klaus von Stosch erklärt: „Die eine Offenbarung, von der her sich jede Rede von Offenbarung erschließt, ist aus christlicher Perspektive damit die Selbstoffenbarung bzw. Selbstmitteilung Gottes in Jesus Christus“[1]
[1] Im Original fett gedruckt.

Umgekehrt müssen eigene Hervorhebungen in einem wörtlich übernommenen Zitat – beispielsweise Fettdruck, Kursivdruck, Unterstreichungen oder Sperrungen – auch als solche durch einen Vermerk in einer Fußnote oder im Fließtext innerhalb eckiger Klammern (analog zu obigem Beispiel) kenntlich gemacht werden. Am besten entscheiden Sie sich grundsätzlich für eine der beiden Varianten und behandeln eingebrachte und entfernte orthographische Hervorhebungen stets auf die gleiche Weise.

Eigene Hervorhebung innerhalb eines direkten Zitats:
„Evidenterweise ist jede Menge der geschaffenen Perfektionen solcher Art, daß ihr Nachfolger wieder eine geschaffene Perfektion ist […], *wenn diese Menge nicht die letzte vor Gott ist* [Hervorhebung nicht im Original]“[1], so Jules Vuillemin.

Alternativ:
„Evidenterweise ist jede Menge der geschaffenen Perfektionen solcher Art, daß ihr Nachfolger wieder eine geschaffene Perfektion ist […], *wenn diese Menge nicht die letzte vor Gott ist*“[1], so Jules Vuillemin.

[1] Hervorhebung nicht im Original.

Fremdsprachliche Zitate können auf zweierlei Weisen behandelt werden: Entweder zitiert man die Quelle im Text in der Originalsprache und gibt dann zum besseren Verständnis ggf. eine deutsche Übersetzung in der Fußnote unter zusätzlicher Angabe der Verfasserin an. Dieses Vorgehen ist z.B. dann empfehlenswert, wenn dem Zitat nicht nur inhaltliche, sondern auch sprachliche Bedeutung zukommt, wie es speziell bei biblischen Texten häufig der Fall ist. Handelt es sich jedoch nicht um eine Schul- oder eine biblische Sprache bzw. beinhaltet die Übersetzung nicht schon eine wichtige Interpretation, sollte zur besseren Lesbarkeit eine (eigene) Übersetzung im Fließtext angeboten werden. Der Originalwortlaut kann dann zusammen mit dem Namen des Urhebers der Übersetzung in der Fußnote angeführt werden.

Fremdsprachliches Zitat:
Keene trifft zunächst folgende Aussage: "X cannot make things which X cannot control."[1]

[1] KEENE, A Simpler Solution to the Paradox of Omnipotence. 74. Übersetzen lässt sich diese Aussage wie folgt: "X kann keine Dinge erschaffen, die X nicht kontrollieren kann" [eigene Übersetzung].

Alternativ:
Keene trifft zunächst folgende Aussage: „X kann keine Dinge erschaffen, die X nicht kontrollieren kann.“[1]

[1] KEENE, A Simpler Solution to the Paradox of Omnipotence. 74 [eigene Übersetzung]. Originalwortlaut: "X cannot make things which X cannot control."

Soll das Original nicht vollständig übernommen werden, sondern werden innerhalb des Zitats Wörter oder auch ganze Sätze ausgespart, muss diese Auslassung durch „[…]“ oder durch „…“ gekennzeichnet werden. Dabei ist unbedingt darauf zu achten, den Sinn des

Gesagten nicht unzulässig zu verkürzen oder zu verfälschen! Bei Auslassungen zu Beginn oder am Ende eines wörtlichen Zitats werden keine Auslassungszeichen gesetzt.[14]

Auslassung:
Andreas Holzem betont: „Wenn im folgenden von allen diesen nur vermeintlich profanen Dingen die Rede ist, gilt es [...] dem konfessionell geprägten Katholizismus dort seinen Platz zu geben, wo er seinem Selbstverständnis nach hingehörte und wo er Tatsächlichkeit und Konkretion gehabt hat."[1]

Quelltext: „Wenn im folgenden von allen diesen nur vermeintlich profanen Dingen die Rede ist, gilt es die moderne Empfindung von Religion, als einem separaten Teilbereich des Lebens abzustreifen und dem konfessionell geprägten Katholizismus dort seinen Platz zu geben, wo er seinem Selbstverständnis nach hingehörte und wo er Tatsächlichkeit und Konkretion gehabt hat."[1]

Hinzufügungen sind in eckige Klammern zu setzen und durch die Abkürzung „Vf." oder die eigenen Initialen als solche kenntlich zu machen. Sie werden v.a. zur Klarstellung des Bezugs oder zur Erklärung eines bestimmten Begriffs verwendet.

Hinzufügung:
Nicole Priesching weist darauf hin, dass „mit diesem Begriff [ultramontane Frömmigkeit; Vf.] auf den erstaunlichen Anstieg der Trägergruppen solcher Frömmigkeitspraxis wie zum Beispiel den Kongregationen sowie auf die zunehmende Dichte des Angebots an Formen religiöser Welt- und Lebensdeutung Bezug genommen [wird]."

Quelltext: „Darüber hinaus wird mit diesem Begriff auf den erstaunlichen Anstieg der Trägergruppen solcher Frömmigkeitspraxis wie zum Beispiel den Kongregationen sowie auf die zunehmende Dichte des Angebots an Formen religiöser Welt- und Lebensdeutung Bezug genommen [...]."[1]

Möchte man nicht nur etwas hinzufügen oder weglassen, sondern ein Wort durch ein anderes ersetzen, so werden Auslassungszeichen und Hinzufügung in Kombination verwendet. Müssen aufgrund des eigenen Satzbaus grammatikalische Änderungen innerhalb des Zitates vorgenommen werden, so stehen diese ebenfalls in eckigen Klammern (s.o.). Bei einzelnen zu ersetzenden Buchstaben darf das Auslassungszeichen wegfallen.

---

14 Die Auslassungszeichen werden nur *innerhalb* eines Zitats eingefügt, da von vornherein klar ist, dass das Zitat immer einem bestimmten, vorgegebenen Kontext entnommen ist.

Auch hier sollten Sie jedoch unbedingt darauf achten, dass der Sinn des Zitats durch die Ersetzung nicht entstellt wird, und sich überlegen, ob nicht ein anderes Zitat passender ist, wenn allzu viele Änderungen vorgenommen werden müssten.

> **Ersetzung:**
> Paul Ricœur merkt an, „[e]s […] [sei] auffallend, wie die Interpretation völlig disparate, ja gegensätzliche Methoden hervorbring[e]."[1]
>
> Quelltext: Es ist auffallend, wie die Interpretation völlig disparate, ja gegensätzliche Methoden hervorbringt.

Absolut zentral ist, dass jedes Zitat von der ursprünglichen Quelle her zitiert werden muss, um mögliche Abschreibfehler auszuschließen.[15] Auch jeder als Zitat gekennzeichnete Text in einem der recherchierten Texte, den man selbst ebenfalls als Zitat übernehmen möchte, muss anhand des jeweiligen Originals überprüft werden. Eine Ausnahme darf ausschließlich dann gemacht werden, wenn die Primärquelle nicht oder nur unzumutbar schwer erreichbar oder in einer nicht zugänglichen Fremdsprache verfasst ist. Dann muss der Beleg für das sekundär übernommene Zitat den Zusatz erhalten: „zitiert nach: …" bzw. „zit. n.: …". Im Literaturverzeichnis wird dann sowohl die Sekundärquelle angeführt als auch die aus zweiter Hand zitierte Quelle mit dem Zusatz „(nicht eingesehen)" (vgl. auch Kap. 3.4.2.10).

> **Zitieren aus einer Sekundärquelle:**
> „Ein und derselbe Terminus kann imaginär sein, wenn man ihn absolut nimmt, und symbolisch, wenn man ihn als differentiellen Wert auffasst, der zu anderen Termini in korrelativem Verhältnis steht und von ihnen in Wechselbeziehung abgegrenzt wird."[1]
>
> [1] Ortigues, Le discours et le symbole, 194, zit. nach: Ricœur, Hermeneutik und Strukturalismus, 77.

3.2 Fußnoten einfügen

In der Regel geschieht das Zitieren, d.h. die Angabe des Fundortes eines wörtlichen Zitates bzw. die Angabe der verwendeten Literatur für einen selbst formulierten Satz, durch eine Fußnote.[16] Diese wird

[15] Vgl. dazu Hilpert, Praktische Hinweise zur Anfertigung einer wissenschaftlichen Arbeit, 153.

[16] Eine Ausnahme hiervon bilden die Bibelzitate. Vgl. hierzu Kap. 3.3.

automatisch eingefügt und durch die gesamte Arbeit hindurch durchnummeriert. Zudem sollten das Zitat und die entsprechende Fußnote immer auf ein und derselben Seite stehen.

Was die Platzierung der Fußnoten im Fließtext angeht, so wird bei direkten Zitaten der Fußnotenvermerk direkt nach den schließenden Anführungsstrichen eingefügt. Bei indirekten Zitaten ist folgende Vorgehensweise üblich: Bezieht sich die Fußnote auf ein bestimmtes Wort oder eine Wortgruppe, so wird sie direkt nach dem Wort bzw. der Wortgruppe eingefügt, bezieht sie sich auf einen Teilsatz, erfolgt die Einfügung nach dem Komma oder Semikolon, bei Bezug auf den ganzen Satz wird die Fußnote nach dem Punkt eingefügt – und zwar jeweils ohne Einfügung eines vorangehenden Leerzeichens. Fußnoten an der Namensangabe des zitierten Autors und an Überschriften sind hingegen unüblich. Häufig bezieht man sich auch mit einer einzigen Fußnote auf einen ganzen Abschnitt der eigenen Arbeit. In diesem Fall fügt man nicht etwa hinter jedem einzelnen Satz eine Fußnote ein, sondern lediglich nach dem ersten Satz des Abschnitts und beginnt den Fußnotentext mit „Vgl. hierzu und zum Folgenden“ bzw. „Vgl. zum ganzen Abschnitt“.

Platzierung der Fußnote beim direkten Zitat:
Thomas Schärtl gesteht zwar zu, dass diese Definition „zweifellos viel Richtiges“[1] an sich habe.

Platzierung der Fußnote beim indirekten Zitat:
Rita Burrichter gibt zu bedenken, dass aufgrund der sich schnell entwickelnden Prozesse religiöser Pluralisierung[1] verschiedene Punkte zu beachten sind, sodass u.A. auch die Religionslehrerinnen und Religionslehrer mit einer größeren Heterogenität in ihren Klassen umzugehen haben.[2]

[1] Bezug auf „Religiöse Pluralisierung“
[2] Bezug auf den gesamten Satz.

Alternativ, sofern sich der Beleg auf den gesamten Abschnitt bezieht:
[2] Vgl. hierzu und zum Folgenden.../Vgl. zum gesamten Abschnitt...: Bezug auf den gesamten folgenden Abschnitt

Der Fußnotentext weist einen engzeiligen Abstand auf und steht im Blocksatz, die Schriftgröße ist 2pt kleiner als im Fließtext. Eine einzelne Fußnote wird behandelt wie ein ganzer Satz: Sie beginnt groß und endet mit einem Punkt. In der ersten Fußnote, die sich auf ein neues Werk bezieht, wird – im Unterschied zu den folgenden, sich auf das gleiche Werk beziehenden Fußnoten – die komplette Literaturangabe angefügt, so wie sie auch im Literaturverzeichnis zu finden ist (vgl. hierzu Kap. 3.5). Der Unterschied besteht allerdings darin, dass hier zunächst der Vorname, dann der Nachname des Autors genannt wird, nicht umgekehrt.

Erste Nennung eines Verweises:

[1] VORNAME NAME, Titel. Untertitel, Ort Jahr, Seite.

[1] JÜRGEN WERBICK, Gott verbindlich. Eine theologische Gotteslehre, Freiburg i.Br.-Basel-Wien 2007, 591.

Durch die Verwendung von Kapitälchen wird es für den Leser einfacher, den zitierten Autor im Fußnotentext zu finden, vor allem dann, wenn in der Fußnote noch weitere Gedankengänge aufgeführt werden, die nicht im Fließtext stehen sollen. Deshalb empfehlen wir die Verwendung von Kapitälchen bei den Namen der Buchautorinnen und –autoren. Allerdings wird dieser Punkt nicht einheitlich gehandhabt, so dass man den Namen auch einfach ganz normal schreiben kann.[17]

Die anschließenden Fußnoten sollten so knapp wie möglich gehalten werden – es genügt die Angabe von Verfasser, (Kurz-)Titel und Seitenzahl. Es wird in der Regel lediglich der Familiennamen aufgeführt, also z.B. „Rahner“ statt „Karl Rahner“. Wenn man Sorge hat, dass durch das vollständige Weglassen des Vornamens die Zuordnung des Werkes erschwert wird, kann man auch den Vornamen in abgekürzter Form im Kurzbeleg aufnehmen, also beispielsweise „K. Rahner“. Die Titelangabe umfasst nur den Haupt- und nicht den ggf. vorhandenen Untertitel. Wenn dieser Haupttitel sehr lang ist, kann er auch abgekürzt werden.

Kurztitel:

[1]NAME, Titel, Seite.

[1]WERBICK, Gott verbindlich, 591.

Abgekürzter Titel:

[1]BEE-SCHROEDTER, Neutestamentliche Wundergeschichten, 33.

Kompletter Beleg: HEIKE BEE-SCHROEDTER, Neutestamentliche Wundergeschichten im Spiegel vergangener und gegenwärtiger Rezeptionen. Historisch-exegetische und empirisch-entwicklungspsychologische Studien, Stuttgart 1998.

[17] Vgl. zu den sonst hier befolgten Konventionen und möglichen Alternativen den Abschnitt 3.4 dieses Kapitels.

Damit das angegebene Zitat wiederzufinden ist, müssen am Ende des Zitatvermerks Seitenzahlen angegeben werden. Bei wörtlichen Zitaten wird dies meist nur eine Seite sein. Bei indirekten Zitaten ist es wichtig, den genauen Seitenumfang anzugeben, also Anfangs- und Endseite. Auf die unpräzise Abkürzung „ff“ für „fortfolgende“ (9ff = 9-?) ist dabei zu verzichten. Bezieht man sich auf zwei aufeinanderfolgende Seiten, so kann man jedoch „f“ bzw. „f.“, beispielsweise also „6f“ statt „6-7“ schreiben. Mehrere, nicht direkt aufeinanderfolgende Seiten werden mit Komma voneinander abgetrennt, also 7, 9, 15.

Handelt es sich um ein wörtliches Zitat, beginnt der Zitatvermerk in der Fußnote mit dem Nachnamen des Autors ohne jedwede hinweisende Vorbemerkung. Wenn ein indirektes Zitat gemacht, also der Gedanke einer Person mit eigenen Worten wiedergegeben wird, muss ebenfalls die Herkunft angegeben und der entsprechende Beleg mit „Vgl.“ eingeleitet werden. Dieser Zusatz ist dementsprechend das entscheidende Kriterium, um zwischen direkten und indirekten Zitaten in der Fußnote zu differenzieren.

Direktes Zitat:
[1] NAME, Titel, Seite.
[1] STROTMANN, Der historische Jesus, 23.

Indirektes Zitat:
[1] Vgl. NAME, Titel, Seite.
[1] Vgl. VON STOSCH, Offenbarung, 37f.

Beim Auftreten mehrerer Literaturangaben in einer Fußnote werden diese durch ein Semikolon voneinander getrennt. Der Verweis auf mehrere Seitenzahlen innerhalb eines Werkes wird durch Kommata angezeigt.

Mehrere Referenzen zu einem indirekten Zitat:
[1] Vgl. HÖHN, Zeit-Diagnose, 76-78; RAHNER, Grundkurs, 123, 141.

Möchte man einen bestimmten Autor wörtlich zitieren, aber auch weitere Fundstellen mit vergleichbaren Aussagen anderer Autoren anführen, bleibt es bei einer einzigen Fußnotenziffer. In der entsprechenden Fußnote schließt man zunächst den Vermerk der direkten Zitatquelle mit einem Punkt ab. Alle weiteren Fundstellen werden mit „Vgl. hierzu auch“ angefügt.

Zugleich direktes und indirektes Zitat:
[1] NITSCHE, Gott und Freiheit, 122. Vgl. hierzu auch GRESHAKE, Der dreieine Gott, 65f.

Wird ein und derselbe Autor mit zwei verschiedenen Werken in derselben Fußnote angeführt, so kann beim zweiten Mal „Ders." (= Derselbe) bzw. „Dies." (= Dieselbe/-n) gesetzt werden.

Die Verwendung von „Ders." / „Dies.":
[1] VORGRIMLER, Volk Gottes oder Communio? 42f. Vgl. hierzu auch DERS., Die Volk-Gottes-Theologie des Zweiten Vatikanischen Konzils, 67.

Bezieht man sich hingegen in zwei direkt aufeinanderfolgenden Fußnoten auf ein- und dasselbe Werk, so kann zur Vereinfachung die Angabe „ebd." (= ebenda) verwendet werden.[18]

Die Verwendung von „ebd."
[1] LANG, Himmel und Hölle, 49.
[2] Ebd., 53.
Fußnote 2 bezieht sich auch auf Lang, Himmel und Hölle.

Der Zusatz von „a.a.O." (= am angegebenen Ort) nach dem Autorennamen bezieht sich auf einen bereits genannten Buchtitel, wobei dieser auch schon einige Seiten zuvor genannt worden sein kann. Da es für den Leser bzw. die Leserin mühselig ist, jeweils nachzuschlagen, auf welche Quelle sich der Autor bezieht, raten wir von der Verwendung von „a.a.O." ab.

Abgesehen von der Quellenangabe kann eine Fußnote Platz bieten für
- einen Exkurs, d.h. einen weiterführenden, in sich geschlossenen Gedankengang, der, wenn er im Haupttext stünde, den gedanklichen Zusammenhang unterbrechen würde;

[18] Bei der Verwendung von „Ebd." ist darauf zu achten, dass die Bezüge immer korrekt sind. Vor allem, wenn neue Textteile mit Fußnoten erst im späteren Verlauf der Erstellung der Arbeit eingefügt werden, muss überprüft werden, ob die jeweiligen Bezüge noch stimmen. Teilweise wird die Angabe „ebd." als Gegensatz zu „a.a.O." verwendet, wobei sich in diesem Fall „ebd." auf die genaue vorherige Angabe, somit auch die vorher angegebene Seitenzahl bezieht, im Gegenzug dazu, die Angabe „a.a.O." sich auf die direkt zuvor angegebene Quelle, allerdings mit einer anderen Seitenzahl bezieht.

- die Nennung weiterer Spezialliteratur, auf die im Text nicht ausdrücklich eingegangen wird, die aber die Möglichkeit zu tieferem Verständnis der Sache gibt;
- die Erklärung von Begriffen, die Verdeutlichung eines Gedankens oder die Nennung von Beispielen;
- eine kritische Auseinandersetzung mit abweichenden Positionen;
- die Übersetzung fremdsprachlicher Zitate oder umgekehrt die Zitierung des fremdsprachlichen Originalwortlauts.[19]

3.3 Die Bibel richtig zitieren

Die Einheitsübersetzung (EÜ) der Heiligen Schrift, welche im katholischen Bereich in den meisten theologischen Arbeiten genutzt wird, muss außerhalb exegetischer Arbeiten nicht gesondert in den Fußnoten aufgeführt werden.[20] Falls Sie eine Bibelstelle zitieren, müssen Sie in der Regel nur die Bibelstelle angeben und die Einheitsübersetzung nicht im Literaturverzeichnis aufführen. Dagegen ist es im Bereich der Biblischen Theologie üblich, alle verwendeten Übersetzungen einschließlich der EÜ im Literaturverzeichnis anzugeben. Wenn Sie aus einer anderen Bibel als der Einheitsübersetzung zitieren, um näher am originalen Wortlaut der Bibel zu sein,[21] was in einer biblischen Exegese neben der Arbeit am Originaltext unerlässlich ist, müssen Sie in allen Bereichen der Theologie die jeweilige Bibelausgabe auch im Literaturverzeichnis angeben. Und in allen Disziplinen muss in jeden Fall eindeutig sein, in welcher Bibelausgabe der von Ihnen zitierte Wortlaut zu finden ist.

Bibelstellen werden generell im Fließtext innerhalb runder Klammern angegeben; die Angabe der Fundstelle steht also gerade nicht wie bei den übrigen Literaturangaben in den Fußnoten.

Eine zitierte Bibelstelle muss versgenau angegeben werden. Die Angabe wird dabei eingeteilt in **Buch Kapitel,Vers.** Unter bestimm-

---

[19] Vgl. zum gesamten Abschnitt HILPERT, Praktische Hinweise zur Anfertigung einer wissenschaftlichen Arbeit, 153-155. Wenn wir jetzt im Text – frei nach Jacques Derrida – darauf hinwiesen, dass die Lektüre von Fußnoten ausgesprochen aufschlussreich sein kann, weil in ihnen mitunter verborgene Selbstverständlichkeiten im Denken von Menschen offenbar werden, würde das den Lesefluss zu sehr stören, so dass wir diesen Hinweis lieber in der Fußnote geben.

[20] Vgl. zum ganzen Abschnitt ALBERT RAFFELT, Theologie studieren. Wissenschaftliches Arbeiten und Medienkunde, Freiburg i.Br.-Basel-Wien 2003, 87f.

[21] Eine Übersetzung, die sich sehr nah an der griechischen Vorlage orientiert, bietet das „Münchener Neue Testament“.

ten Umständen kann auch die Angabe von Halbversen (a, b, etc.) sinnvoll sein. Buch und Kapitel werden dabei durch ein Leerzeichen, Kapitel und Vers durch ein Komma abgetrennt (nach dem Komma folgt kein Leerzeichen!). Aber Achtung: Bei Bibelstellen wird niemals die Seitenzahl angegeben!

Leerzeichen zwischen Buch und Kapitel:
Gen 3,2 anstatt Gen3,2

Komma zwischen Kapitel und Vers:
Ex 2,2

Falls **mehrere Verse aus einem Kapitel** zitiert werden, werden der erste und der letzte Vers durch einen Bindestrich getrennt, aber wieder ohne Leerzeichen zwischen den Versen und dem Bindestrich angegeben, z.B. **„Ex 2,2-5“**.[22] Falls nur der nachfolgende Vers gemeint ist, wird die Abkürzung „f“ angehängt, z.B. **„Ex 2,2f“** anstatt „Ex 2,2-3“.

Sofern **zwei oder mehrere, nicht aufeinanderfolgende Verse eines Kapitels** zitiert werden sollen, werden die Angaben der jeweiligen Verse durch einen Punkt getrennt, z.B. **„Röm 16,13.17“**

Bei einer **Aufzählung mehrerer Bibelstellen aus verschiedenen Kapiteln oder Büchern** werden die Bücher oder Kapitel durch ein Semikolon getrennt, auf das ein Leerzeichen folgt, z.B.: **„Ps 1,1-4; Jer 17,5-8“ oder „Ps 38,21; 71,13“**

Bei einem wörtlichen Bibelzitat wird die Quellenangabe an derselben Stelle eingefügt wie die Fußnote in solch einem Fall. Der einzige Unterschied besteht darin, dass hier ein Leerzeichen zwischen schließenden Anführungsstrichen und der Fundstellenangabe gesetzt wird. Der Punkt wird immer hinter der in Klammer angegebenen Bibelstelle gesetzt.

Direktes Bibelzitat:
„Im Anfang schuf Gott Himmel und Erde“ (Gen 1,1).

Bei indirekten Bibelzitaten ist es üblich, die Fundstelle bei Bezug auf den ganzen Satz *vor* dem abschließenden Punkt bzw. bei Bezug auf den Halbsatz *vor* dem Komma anzugeben.[23]

[22] Vermeiden Sie also auch hier die ungenaue Angabe „ff“.

[23] Beachten Sie: Fußnoten stehen dementgegen immer *nach* den Satzzeichen!

Indirektes Bibelzitat:
Beispielhaft erwähnen lässt sich hier das Gleichnis von den Weingärtnern (vgl. Mk 12,1b-11).

Indirekte Bibelzitate im fortlaufenden Text:
Aus Exodus 15,3 entnehmen wir...

Die Bücher werden bei Bibelzitaten niemals ausgeschrieben, sondern immer abgekürzt. Die Abkürzungen sollten sich dabei nach dem „Ökumenischen Verzeichnis der biblischen Eigennamen nach den Loccumer Richtlinien" richten. Danach werden die Bücher der deutschen Bibel wie in folgender Übersicht abgekürzt:

DAS ALTE TESTAMENT	
Genesis	Gen
Exodus	Ex
Levitikus	Lev
Numeri	Num
Deuteronomium	Dtn
Josua	Jos
Das Buch der Richter	Ri
Das Buch Rut	Rut
Das 1. Buch Samuel	1 Sam
Das 2. Buch Samuel	2 Sam
Das 1. Buch der Könige	1 Kön
Das 2. Buch der Könige	2 Kön
Das 1. Buch der Chronik	1 Chr
Das 2. Buch der Chronik	2 Chr
Das Buch Esra	Esra
Das Buch Nehemia	Neh
Das Buch Tobias	Tob
Das Buch Judith	Jdt
Das Buch Ester	Est
Das 1. Buch Makkabäer	1 Makk
Das 2. Buch Makkabäer	2 Makk
Das Buch Ijob	Ijob
Die Psalmen	Ps
Das Buch der Sprichwörter	Spr
Kohelet	Koh
Das Hohelied	Hld
Das Buch der Weisheit	Weish
Das Buch Jesus Sirach	Sir
Das Buch Jesaja	Jes
Das Buch Jeremia	Jer
Die Klagelieder des Jeremia	Klgl
Das Buch Baruch	Bar
Das Buch Ezechiel	Ez
Das Buch Daniel	Dan
Das Buch Hosea	Hos
Das Buch Joel	Joel
Das Buch Amos	Am
Das Buch Obadja	Obd
Das Buch Jona	Jona
Das Buch Micha	Mi
Das Buch Nahum	Nah
Das Buch Habakuk	Hab
Das Buch Zefanja	Zef
Das Buch Haggai	Hag
Das Buch Sacharja	Sach
Das Buch Maleachi	Mal

DAS NEUE TESTAMENT	
Evangelium nach Matthäus	Mt
Evangelium nach Markus	Mk
Evangelium nach Lukas	Lk
Evangelium nach Johannes	Joh
Die Apostelgeschichte	Apg
Der Brief an die Römer	Röm
Der 1. Brief an die Korinther	1 Kor
Der 2. Brief an die Korinther	2 Kor
Der Brief an die Galater	Gal
Der Brief an die Epheser	Eph
Der Brief an die Philipper	Phil
Der Brief an die Kolosser	Kol
Der 1. Brief an die Thessalonicher	1 Thess
Der 2. Brief an die Thessalonicher	2 Thess
Der 1. Brief an Timotheus	1 Tim
Der 2. Brief an Timotheus	2 Tim
Der Brief an Titus	Tit
Der Brief an Philemon	Phlm
Der Brief an die Hebräer	Hebr
Der Brief des Jakobus	Jak
Der 1. Brief des Petrus	1 Petr
Der 2. Brief des Petrus	2 Petr
Der 1. Brief des Johannes	1 Joh
Der 2. Brief des Johannes	2 Joh
Der 3. Brief des Johannes	3 Joh
Der Brief des Judas	Jud
Die Offenbarung des Johannes	Offb

3.4 Zur Zitierweise im Literaturverzeichnis

Im Laufe des wissenschaftlichen Arbeitens werden Sie feststellen, dass es unterschiedliche Zitierweisen gibt. Beispielsweise geben Natur-, Sprach- und Sportwissenschaftler die Literaturhinweise zumeist in Klammern fortlaufend im Text, lediglich unter Angabe des Autors und Erscheinungsjahres an.[24] Auch existieren innerhalb der Geistes- und Kulturwissenschaften und selbst innerhalb der Theologie Differenzen bezüglich der Interpunktion; so wird z.B. gelegentlich ein Doppelpunkt zwischen Autorenname und Titel des Werkes oder der Titel und Untertitel kursiv gesetzt.[25] Als wichtigste Regel gilt, dass innerhalb einer Arbeit – gleichgültig, in welcher Zitierweise – *einheitlich* zitiert wird. Weder in Bezug auf die Interpunktion noch auf die Zitierweise insgesamt darf innerhalb einer Arbeit gewechselt werden. Die im Folgenden dargestellte Art des Literaturnachweises wird sicherlich nicht nur bei Theologen, sondern auch bei den anderen Geistes- und Kultururwissenschaftlern anerkannt werden. Wir werden aber jeweils auf die unterschiedlichen Gepflogenheiten und Möglichkeiten hinweisen, so dass man in Kenntnis dieser unterschiedlichen Möglichkeiten auch einen eigenen Stil entwickeln oder sich erkundigen kann, welche Konventionen an dem Ort in Geltung sind, wo man gerade die Hausarbeit schreibt.

Die erste Frage, die Sie sich beim Zitieren stellen sollten, ist diejenige nach der Art der zu zitierenden Literatur; denn diese ist für die Form der Zitation von erheblicher Bedeutung. In einer ersten Grobunterteilung wird zwischen *Büchern* und *Artikeln* unterschieden.

Innerhalb der Gruppe der **Bücher** werden weiterhin Monographien, Sammelbände/Herausgeberschriften und solche Bücher, die in einer Reihe erschienen sind, voneinander differenziert.

In der Gruppe der **Artikel** sind Lexikon-, Zeitschriftenartikel und Artikel, die in einem Sammelband erschienen sind, zu unterscheiden.

---

24 Diese Art zu zitieren wird jedoch im Bereich der deutschsprachigen Geisteswissenschaften zumeist nicht akzeptiert und ist zudem sehr leseunfreundlich.

25 Vgl. RAFFELT, Theologie studieren, 68-82. Im Gegensatz zum vorherigen Beispiel wird diese Variation gemeinhin durchaus akzeptiert.

Bücher

Monographie	Eine Monographie ist ein Buch, das von einem (oder mehreren Autoren) geschrieben wurde und sich als Ganzes mit einem begrenzten Thema ausführlich auseinandersetzt.
Sammelband bzw. Herausgeberschrift	Bücher, die Artikel von verschiedenen (mind. zwei) Autoren enthalten und sich mit einem gemeinsamen Oberthema beschäftigen, sind Sammelbände. Sie werden von einem oder mehreren Herausgebern gesammelt und zur Publikation vorbereitet.
Wissenschaftliche Buchreihe	Eine wissenschaftliche Buchreihe ist eine vom Verlag herausgegebene Serie von Büchern zu einem meist klar umrissenen Themenfeld. Jeder einzelne Band der Reihe hat einen eigenen Autor bzw. Herausgeber und ist in sich selbstständig. Alle erschienenen Bücher haben ein überwiegend einheitliches Erscheinungsbild und es gibt einen oder mehrere Reihenherausgeber.

Artikel

Lexikonartikel	Lexikonartikel enthalten Basisinformationen wie Begriffsdefinitionen, Biographien oder historische Daten zum jeweiligen Schlagwort und dienen der ersten Information zu einem Thema.
Artikel aus einem Sammelband	Artikel in Sammelbänden beschäftigen sich mit dem vorgegebenen Thema des Sammelbandes und stehen im Kontext zu den anderen, im Sammelband erschienenen Beiträgen.
Zeitschriftenartikel	Wissenschaftliche Zeitschriften erscheinen periodisch mehrmals jährlich und enthalten aktuelle Beiträge zu Fachdebatten und neuen Forschungsergebnissen. Zeitschriftenartikel einer Zeitschrift bilden im Unterschied zu Sammelbänden nicht unbedingt eine thematische Einheit.

In fast jedem Buch gibt es die Angaben der CIP-Einheitsaufnahme,[26] der die Angaben für den Literaturhinweis entnommen werden sollten – die Angaben von Buchrücken oder Umschlag des Buches

[26] CIP = cataloguing in publishing: Neuerscheinungs-Sofortdienst der Deutschen Bibliothek. Die CIP-Aufnahme befindet sich in der Regel auf der Innenseite des inneren Deckblattes.

sind nicht ausreichend, weil hier oft nur unvollständige Angaben zu finden sind. In neueren Büchern findet sich oftmals der Hinweis auf die Internetpräsenz der Deutschen Nationalbibliographie: Hier können durch Eingabe beispielsweise der ISBN detaillierte Informationen wie die CIP-Aufnahme nachgeschaut werden.[27] Auch wenn die Interpunktion und die Reihenfolge der einzelnen Elemente nicht identisch mit unserer Zitationsweise ist, enthält sie doch alle relevanten Angaben.

Tipp: Nach dem Kopieren von Literatur sollten Sie sofort die *vollständige* Literaturangabe notieren oder die entsprechenden Seiten mitkopieren. Das spart später viel Zeit.

Das Literaturverzeichnis beinhaltet alphabetisch geordnet (vgl. ausführlicher Kap. 3.5.5) alle Quellen, die für eine Hausarbeit herangezogen worden sind, d.h. nicht nur die Titel, die in der Arbeit wörtlich zitiert wurden, sondern auch solche, die indirekt zitiert wurden. Allerdings dürfen keine Literaturangaben aufgenommen werden, die ausschließlich gesichtet, jedoch in der Arbeit nicht verwertet worden sind. D.h. also, dass auf jeden im Literaturverzeichnis aufgelisteten Titel in mindestens einer Fußnote hingewiesen worden sein muss. Es besteht somit ein 1:1-Verhältnis zwischen den Literaturangaben in den Fußnoten und denjenigen im Literaturverzeichnis.

Die einzelnen Literaturangaben sollten alle Informationen enthalten, die für den Leser von Interesse sein könnten (in der Regel sind das die in der CIP-Einheitsaufnahme angegebenen) und diese in einer einheitlichen Form präsentieren. Zu beachten ist weiterhin, dass im Literaturverzeichnis Bücher und Artikel als Ganze angegeben werden, bei ganzen Büchern werden also keine Seitenangaben gemacht, bei Artikeln werden Anfangs- und Endseite des Artikels angegeben.

Da historische Quellen für die Angabe im Literaturverzeichnis einen Sonderfall darstellen und der Umgang mit Quellen der verschiedenen Epochen variiert, verweisen wir hier auf die Grundlagenliteratur und die jeweiligen spezifischen Einführungen (vgl. Kap. 6.3.2).

3.4.1 Die Grundform eines Literaturnachweises

Ein Zitat im Literaturverzeichnis besteht mindestens aus folgenden Angaben: Autor bzw. Herausgeber, Titel, Erscheinungsort, Erschei-

---

[27] Internetadresse: http://dnb.ddb.de.

nungsjahr. Das nachfolgende Beispiel soll anhand einer Monographie Reihenfolge und Interpunktion verdeutlichen:

Die Grundform des Literaturnachweises:
NAME, VORNAME, Titel, Ort Jahr.
THEISSEN, GERD, Das Neue Testament, München 2002.

Das Zitat beginnt demnach immer mit dem Nachnamen des Verfassers, es folgt mit Komma abgetrennt der Vorname,[28] danach wiederum mit Komma abgetrennt der Titel. Name und Vorname werden dabei – wie oben bereits begründet – in Kapitälchen gesetzt. Zwischen den Vornamen und den Titel kann auch ein Doppelpunkt gesetzt werden; damit nicht zu viele Satzzeichen verwendet werden müssen, wird hier für die Verwendung von einem Komma plädiert. Titel und Untertitel können zudem kursiv gesetzt werden, der Vorteil liegt darin, dass der Titel wie auch der Autor direkt von zusätzlichen Angaben zu unterscheiden ist. Da der Kursivdruck aber eigentlich für Hervorhebungen reserviert ist, wird von uns darauf verzichtet. Hinter den Titel wird ein Komma gesetzt und es folgt der Erscheinungsort. Nun folgt ohne Interpunktion das Erscheinungsjahr. Am Ende steht der obligatorische Punkt.

Nach dem Erscheinungsort kann auch noch der Verlag angeführt werden, der dann in der Regel durch einen Doppelpunkt angeschlossen wird. Da sich im deutschen Sprachraum die Verlagsorte aber zumindest im Blick auf die theologischen Publikationen jeweils eindeutig bestimmten Verlagen zuordnen lassen und da auch international mit Hilfe des Verlagsorts Bücher eindeutig identifizierbar sind, verzichten wir auf die Nennung des Verlags und empfehlen die kürzere Zitationsweise nur mit dem Verlagsort allein.

Alle nachfolgenden Zusätze bauen auf diesem Grundgerüst auf. Die möglichen Zusätze werden im Folgenden der Reihenfolge nach, so wie sie in der jeweiligen Literaturangabe erscheinen, vorgestellt. Welche Zusätze konkret bei der jeweiligen Literatur in den jeweiligen Komplexen angeführt werden müssen, hängt von der Art der Literatur und den Angaben auf den ersten Seiten ab. Dabei gliedert sich ein Literaturnachweis auf in *Autorenkomplex* (Angaben zum Autor), in *Titelkomplex* (Angaben zum Titel des Werks mit sämt-

[28] Zusätze wie „Prof.", „PD", „Dr.", „Kardinal", „Eminenz", „SJ" etc. fallen grundsätzlich weg. Adelstitel, die Bestandteil des Nachnamens sind, werden in der Regel an den Vornamen angeschlossen.

lichen Untertiteln einschließlich Hinweisen zur Reihe oder zur Auflage) und in *Schlusskomplex* (alle Angaben ab der Ortsangabe), jeweils mit Komma voneinander abgetrennt. Daher ist es sinnvoll, einfach die folgenden Kapitel und Unterkapitel Schritt für Schritt durchzugehen und zu entscheiden, welche Punkte bei dem jeweils vorliegenden Werk zutreffen.

3.4.2 Zitieren von Büchern

3.4.2.1 Monographien

Falls ein von einem Autor durchgehend selbst verfasstes Werk vorliegt, handelt es sich um eine Monographie. In diesem Fall kann vorläufig die Grundform der Literaturangabe als Ausgangspunkt beibehalten werden.

Ein Autor:
NAME, VORNAME, Titel, Ort Jahr.
EMICH, BIRGIT, Geschichte der Frühen Neuzeit studieren, Konstanz 2006.

3.4.2.2 Herausgegebene Bücher

Falls ein Buch keinen Autor, sondern einen Herausgeber hat, wird dies durch die Abkürzung („Hg." oder auch „Hrsg.") angegeben. In einem herausgegeben Buch gibt es mehrere Autoren, die jeweils nur einen Teil bzw. einen Aufsatz des Buches verfasst haben.[29] Falls man nur einen Artikel aus dem Buch verwendet hat, so wird auch nur dieser zitiert (s. Kapitel 3.4.3.1). Hat man jedoch mehrere Artikel aus demselben herausgegebenen Buch zitiert, muss auch das gesamte Buch angegeben werden. In diesem Falle verfährt man wie folgt:

Ein Herausgeber:
NAME, VORNAME (Hg.), Titel, Ort Jahr.
HAUSMANNINGER, THOMAS (Hg.), Christliche Sozialethik zwischen Moderne und Postmoderne, Paderborn u.a. 1993.

Oft hat ein Buch oder Artikel mehrere Autoren oder Herausgeber. Bis zu drei Autoren/ Herausgeber werden angegeben, abgetrennt

[29] Bei historischen Quellen wird anstatt von einem Herausgeber von einem Editor gesprochen. Im Literaturverzeichnis wird somit „(Hg.)" durch „(Ed.)" ersetzt.

voneinander durch „/ „. Falls es mehr als drei Autoren/Herausgeber gibt, nennt man den ersten Autor-/Herausgebernamen und schließt die Wendung „u.a." („und andere") an.

Zwei Autoren:
NAME, VORNAME/ NAME, VORNAME, Titel. Untertitel, Ort Jahr.
STARY, JOACHIM/ KRETSCHMER, HORST, Umgang mit wissenschaftlicher Literatur. Eine Arbeitshilfe für das sozial- und geisteswissenschaftliche Studium, Frankfurt a.M. 1994.

Drei Herausgeber:
NAME, VORNAME/NAME, VORNAME/NAME, VORNAME (Hg.), Titel, Ort Jahr.
DREHSEN, VOLKER/ GRÄB, WILHELM/ WEYEL, BIRGIT (Hg.), Kompendium Religionstheorie, Göttingen 2005.

Mehr als vier Autoren:
NAME, VORNAME u.a., Titel, Ort Jahr.
BITTER, GOTTFRIED u.a. (Hg.), Neues Handbuch religionspädagogischer Grundbegriffe, München ²2002.

In seltenen Fällen ist als Herausgeber auch eine Institution angegeben. In diesem Falle verfährt man wie folgt:

Institution als Herausgeber:
INSTITUTION (Hg.), Titel, Ort Jahr.
SEKRETARIAT DER DEUTSCHEN BISCHOFSKONFERENZ (Hg.), Erklärung der Deutschen Bischofskonferenz zum Christusbekenntnis von Nizäa, Bonn 1975.

3.4.2.3 Untertitel

Die meisten Bücher haben einen oder mehrere Untertitel. Diese werden jeweils, durch einen Punkt abgetrennt, nach dem Titel aufgeführt. Nach dem gesamten Titelkomplex folgt wie bei der Grundform ein Komma zur Abtrennung vom Erscheinungsort.

Untertitel:
NAME, VORNAME, Titel. Untertitel, Ort Jahr.
STOSCH, KLAUS VON, Gott – Macht – Geschichte. Versuch einer theodizeesensiblen Rede von Gottes Handeln in der Welt, Freiburg i.Br.-Basel-Wien 2006.

Hierbei ist zu beachten: Endet der Titel mit einem Frage- oder Ausrufungszeichen, so entfällt natürlich das Komma.

Bei vorangehendem Fragezeichen fällt der Punkt weg:
MEYER ZU SCHLOCHTERN, JOSEF, Wozu Fundamentaltheologie? Zur Grundlegung der Theologie im Anspruch von Glaube und Vernunft, Paderborn u.a. 2010.

3.4.2.4 Zusatzangaben

Bei übersetzten Werken und bei Festschriften/Festgaben wird eine Zusatzangabe mit der entsprechenden Information hinter der Titel- oder Untertitelangabe eingefügt. Die Abkürzung „FS" ersetzt hier die Ausdrücke „Festschrift"/„Festgabe".

Übersetzung:
PUI-LAN, KWOK, Interpretation als Dialog. Eine biblische Hermeneutik aus Asien. Aus dem Englischen von Veronika Merz, Luzern 1996.

Festschrift/Festgabe:
STROTMANN, ANGELIKA, Vergegenwärtigung der Vergangenheit: Zur Notwendigkeit einer am Judentum orientierten christlichen Erinnerungskultur. FS Joachim Maier, Frankfurt a.M. u.a. 2010.

Weitere Zusätze können folgender Art sein:

Sonstige Zusätze:
KERMANI, NAVID, Der Schrecken Gottes. Attar, Hiob und die metaphysische Revolte. Mit sechs Kalligraphien von Karl Schlamminger, München 2005.
STIETENCRON, HEINRICH VON (Hg.), Der Name Gottes. Mit Beiträgen von P. Beyerhaus u.a., Düsseldorf 1975.

Möchte man einen bestimmten Band eines Werks zitieren, das in mehreren Bänden erschienen ist, wird auch diese Angabe mit „Bd. Nummer: Titel" hinter den (Unter-)Titel eingefügt.

Ein ausgewählter Band aus einem in mehreren Bänden erschienenen Werk:
JAEGER, FRIEDRICH u.a. (Hg.), Handbuch der Kulturwissenschaften. Bd. 1: Grundlagen und Schlüsselbegriffe, Stuttgart 2004.

3.4.2.5 Auflage

Grundsätzlich wird die Auflage eines Buches immer dann vermerkt, wenn es sich nicht um die erste Auflage handelt.

> **1. Auflage:**
> RATZINGER, JOSEPH, Ergebnisse und Probleme der dritten Konzilsperiode, Köln 1965.
> STROTMANN, ANGELIKA, Der historische Jesus: eine Einführung, Paderborn u.a. 2012.

Ab der zweiten Auflage hat die Auflagenangabe u.U. eine Beifügung, z.B. „2., überarb. Aufl.". Die Auflagenangabe mit einem solchen oder ähnlichen Format wird nun zur zusätzlichen Angabe und im Zitat wie ein Untertitel behandelt. Diese Angabe steht in jedem Fall am Ende des Titelkomplexes.

> **Bearbeitete Neuauflage:**
> SCHNELLE, UDO, Einleitung in das Neue Testament. 4., neubearb. Aufl., Göttingen 2002.
> VERWEYEN, HANSJÜRGEN, Gottes letztes Wort. Grundriß der Fundamentaltheologie. 3., vollständig überarb. Aufl., Regensburg 2000.

In diesem Beispiel besteht der Titelkomplex aus einem Titel, einem Untertitel und der Angabe zur Auflage. Dabei werden Titel und Untertitel jeweils durch einen Punkt abgetrennt, am Ende des Titelkomplexes erscheint jedoch das Komma zur Abtrennung vom Schlusskomplex.

Ist die Neuauflage jedoch ohne Überarbeitung erfolgt, steht vor „Auflage" also nur eine Zahl, z.B. „3. Aufl.", so wird diese als Hochzahl direkt vor dem Erscheinungsjahr angegeben, gehört also somit schon zum Schlusskomplex.

> **Unveränderte Neuauflage:**
> OBERTHÜR, RAINER/ BURRICHTER, RITA, die Bibel für Kinder und alle im Haus, München ^{3}2005.

3.4.2.6 Orte

Oft weist ein Buch mehrere Erscheinungsorte auf.[30] In diesem Fall werden nur bis zu drei Orte angegeben. Bei mehr als drei Erschei-

[30] In äußerst seltenen Fällen besitzt die Vorlage keinen Verweis auf einen Erscheinungsort. Dann behilft man sich mit der Angabe „o.O." [für „ohne Ort"].

nungsorten wird nur der erste Erscheinungsort genannt – zusammen mit dem Verweis „u.a.“ (= und andere). Durch die Angabe der Orte kann der Leser Rückschlüsse auf den Verlag ziehen, in dem das angegebene Werk erschienen ist. Die Orte werden durch einen einfachen Bindestrich voneinander getrennt.[31]

mehrere Erscheinungsorte:
NAME, VORNAME, Titel, Ort-Ort-Ort Jahr.

Zwei Orte:
HÄRLE, WILFRIED, Dogmatik, Berlin-New York ^{4}2012.

Drei Orte:
GRESHAKE, GISBERT, Der dreieine Gott. Eine trinitarische Theologie, Freiburg i.Br.-Basel-Wien 1997.

Mehr als drei Orte:
STOSCH, KLAUS VON, Einführung in die Systematische Theologie, Paderborn u.a. 2006.
Da es hier vier Erscheinungsorte gibt (Paderborn, München, Wien und Zürich), wird nur der erste genannt.

3.4.2.7 Reihen

Falls ein Buch nicht eigenständig erschienen, sondern Bestandteil einer wissenschaftlichen Reihe ist, muss diese ebenfalls angegeben werden.[32] Dies geschieht durch Anhängen des Namens der Reihe in Klammern am Schluss der Titelangabe (vor dem abschließenden Komma).[33] Die Bandzahl wird ohne Zusatz angefügt.[34] Die Herausgeber der Reihe werden dabei nicht genannt.

Ausgeschriebene Reihe:
NAME, VORNAME, Titel. Untertitel (Reihe Band), Ort Jahr.
STOSCH, KLAUS VON/ TATARI, MUNA (Hg.), Trinität – Anstoß für das islamisch-christliche Gespräch (Beiträge zur Komparativen Theologie 7), Paderborn u.a. 2013.

---

[31] Der Schrägstrich dient bei der Angabe von Titeln, die in den USA erschienen sind, für die Angabe des Bundesstaates. Deshalb empfehlen wir diesen nicht für die Abtrennung der Orte zu verwenden, auch wenn das eine andere mögliche Vorgehensweise ist.

[32] Beachte: Es werden ausschließlich wissenschaftliche Reihen angeführt. UTB-, Reclam- oder ähnliche Reihen werden nicht erwähnt.

[33] Alternativ kann man die Reihenangabe auch ganz am Ende der bibliographischen Angabe machen, also nach der Jahreszahl. Wichtig ist, dass man die einmal gewählte Konvention beibehält.

[34] Es ist auch möglich, die Bandzahlen jeweils durch ein Semikolon abzutrennen, also beispielsweise „(Beiträge zur Komparativen Theologie; 6)“.

Oft gibt es jedoch eine Abkürzung für die Reihe; diese kann man den Abkürzungsverzeichnissen der großen Lexika[35] entnehmen. Bei Abkürzungen wird die Bandzahl in allen Konventionen lediglich durch ein Leerzeichen vom abgekürzten Titel getrennt:

Abgekürzte Reihe:
MICHEL, ANDREAS, Gott und Gewalt gegen Kinder im Alten Testament (FAT 37), Tübingen 2003.

3.4.2.8 Dissertationen

Liegt eine Dissertation, d.h. eine Schrift zur Erlangung des Doktorgrades vor, kann auch dies eigens erwähnt werden durch „; zugleich: Ort, Univ. Diss. Jahr" am Schluss der Literaturangabe.

Dissertation:
REICHARDT, MICHAEL, Psychologische Erklärung der paulinischen Damaskusvision? Ein Beitrag zum interdisziplinären Gespräch zwischen Exegese und Psychologie seit dem 18. Jahrhundert (SBB 42), Stuttgart 1999; zugleich: Passau, Univ. Diss. 1998.

3.4.2.9 Unveröffentlichte Werke

Auch (bisher) unveröffentlichte Werke dürfen im Einzelfall zitiert werden. Die Angabe erhält dann die Beifügung „(unveröffentlicht)" oder „(bisher unveröffentlicht)", falls eine spätere Publikation geplant ist. Sollte sich die entsprechende Publikation bereits im Druck befinden und sollte man aus dieser Druckvorlage zitieren, schreibt man „(im Druck)".

Unveröffentlichtes Werk:
HÖHN, HANS-JOACHIM, Christologie. Leitfaden zur Vorlesung im WS 2004/5, Köln 2005 (unveröffentlicht).

3.4.2.10 Zitate aus zweiter Hand

Wie bereits in Kapitel 3.2 erwähnt, muss bei einem Zitat aus zweiter Hand, das nur in zwingenden Fällen gemacht werden darf, im Literaturverzeichnis sowohl die Sekundärquelle als auch die aus zweiter

[35] Z.B. TRE oder LThK. Falls Abkürzungen verwendet werden, muss zu Beginn des Literaturverzeichnisses das entsprechende Abkürzungsverzeichnis benannt werden (vgl. auch Kap. 5.1.3).

Hand zitierte Quelle mit dem Zusatz „(nicht eingesehen)" angegeben werden.

Zitat aus zweiter Hand :
ORTIGUES, EDMOND, Le discours et le symbole, Paris 1962 (nicht eingesehen).
RICŒUR, PAUL, Hermeneutik und Strukturalismus. Der Konflikt der Interpretation I, München 1973.
Zitat in den Fußnoten: ORTIGUES, Le discours et le symbole, 194, zit. nach: RICŒUR, Hermeneutik und Strukturalismus, 77.

3.4.3 Zitieren von Artikeln

Wenn man nur einen Artikel aus einem herausgegebenen Buch, einer Zeitschrift oder einem Lexikon zitieren möchte, ist es erforderlich, sowohl den Autor und Titel des zitierten Artikels aufzuführen als auch Angaben zum übergeordneten Werk zu machen. Für den Übergang verwendet man hier generell die Einfügung "..., in: ..." bzw. „... . In: ...".[36] Die Literaturangabe schließt mit der Angabe der Seitenzahlen, die der Artikel umfasst.

3.4.3.1 Artikel aus einem herausgegebenen Buch

Wird ein Artikel aus einem herausgegebenen Buch zitiert, folgt nach der Artikelangabe die Angabe des Buches, aus dem der Artikel entnommen wurde. Bei der Angabe des Herausgebers sollte der Vorname vor dem Nachnamen stehen, und nicht dahinter. Werden mehrere Artikel aus ein und demselben Buch zitiert, so muss neben den einzelnen Artikeln auch dieses herausgegebene Buch als Ganzes im Literaturverzeichnis aufgeführt werden.

Buchartikel:
NAME, VORNAME, Titel. Untertitel. In: VORNAME NAME (Hg.), Titel. Untertitel, Ort Jahr, Seite-Seite.
PRIESCHING, NICOLE, Grundzüge ultramontaner Frömmigkeit am Beispiel der „stigmatisierten Jungfrau" Maria von Mörl. In: GISELA FLECKENSTEIN/JOACHIM SCHMIEDL (Hg.), Ultramontanismus. Tendenzen der Forschung (Einblicke 8), Paderborn 2005, 77-92.

---

[36] Wir wählen hier die Konvention mit dem Punkt. Der Punkt kann dann auch durch ein Frage- oder Ausrufungszeichen ersetzt werden, wenn ein solches den Titelkomplex beendet.

3.4.3.2 Zeitschriftenartikel

Ein Zitat aus einer Zeitschrift muss neben dem Autor und dem Titel des Artikels auch die Zeitschrift, den Jahrgang der Zeitschrift, das Erscheinungsjahr und die Seitenangaben enthalten.

> **Zeitschriftenartikel:**
> NAME, VORNAME, Titel. In: Zeitschriftentitel Jahrgang (Jahr) Seite-Seite.
> STOSCH, KLAUS VON, Zur Glaubensverantwortung nach Wittgenstein. In: FZPhTh 49 (2002) 328-346.

„FZPhTh“ ist die Abkürzung der Zeitschrift „Freiburger Zeitschrift für Philosophie und Theologie“. Es können also wie bei den Reihen auch bei den Zeitschriften und den Lexika Abkürzungen benutzt werden. „49“ ist die Angabe des Jahrgangs. Der Jahrgang ist eine laufende Nummer, die von der Zeitschrift vergeben wird und in der Regel mit dem Alter der Zeitschrift identisch ist. In Klammern steht das zum Jahrgang gehörige Erscheinungsjahr. „328-346“ bezeichnen die Seitenzahlen des zitierten Artikels in der Zeitschrift.

3.4.3.3 Lexikonartikel

Die Zitierweise eines Lexikonartikels ist der eines Zeitschriftenartikels sehr ähnlich. Um das Zitat aus einem Lexikon von dem aus einer Zeitschrift eindeutig unterscheiden zu können, gibt es folgende Konventionen: Vor die Titelangabe des Artikels wird immer die Abkürzung „Art.“ gesetzt, vor den Seitenzahlen steht ein Komma.

> **Lexikonartikel:**
> NAME, VORNAME, Art. Titel. In: Lexikon Band (Jahr), Seite-Seite.
> STROTMANN, ANGELIKA, Art. Schwester I. Biblisch. In: LThK 9 (^{3}2000), 350f.

Die „9“ nach der Lexikonbezeichnung gibt hier nicht den Jahrgang, sondern die Bandnummer des Lexikons an. „2000“ ist das Erscheinungsjahr. Die Hochzahl vermerkt, dass es sich um die dritte Auflage handelt. Hier ist auch dann lediglich die Hochzahl ausreichend, wenn die Auflage überarbeitet wurde (im Unterschied zur Vorgehensweise bei Büchern)!

Ein Lexikonartikel ist in der Regel in mehrere Abschnitte unterteilt. Jeder Abschnitt kann einen eigenen Autor haben, der dann jeweils hinter dem von ihm verfassten Abschnitt steht. Hier muss jeder Abschnitt gesondert zitiert werden. Zudem sind viele Lexika in

Spalten unterteilt, so dass man darauf achten muss, die richtige Spaltennummer anzugeben.

Werden in einem Lexikon zu den einzelnen Artikeln keine Autorenangaben gemacht, wird das Lexikon beim Zitieren wie ein herausgegebenes Buch behandelt (vgl. Kap. 3.5.4.2.2). Dann wird zwangsläufig auch der Herausgebername genannt, was sonst nicht der Fall ist.

3.4.4 Zitieren einer Internetseite

Der Nachweis einer Internetseite besteht aus der Internetadresse und dem Datum, an dem die Seite gelesen wurde.[37] Die beiden Angaben werden durch ein Semikolon getrennt. Die Angabe schließt mit einem Punkt.

Internetseite ohne Autorangabe:
http://www.uni-paderborn.de; 14.04.2014.

Ist der Autor angegeben,[38] wird wie bei einem Artikel aus einem herausgegebenen Buch vorgegangen:

Internetseite mit Autorangabe:
NAME, VORNAME, Titel. In: Link; Abrufdatum.
KNAUER, PETER, Kurze Einführung in den christlichen Glauben. In: http://peter-knauer.de/22.html; 14.04.2014.

Das Zitieren von Internetseiten erfordert eine wachsame Prüfung ihrer Seriosität. Als Indikatoren können beispielsweise das Zitieren von wissenschaftlicher Literatur, die Verwendung von Fachsprache und die Angabe des Autors dienen. Folglich sind Online-Enzyklopädien wie z.B. http://www.wikipedia.org nicht als zitierfähige Internetquelle geeignet.

Des Weiteren raten wir Ihnen von der Benutzung textgenerierender KI-Systeme ab. Auch wenn die Hilfe von Chatbots (z.B. ChatGPT) verlockend scheint, ist ihre Verwendung verboten und führt zum Nichtbestehen der Prüfungsleistung.

---

[37] Bei der Angabe von Internetseiten sollte immer darauf geachtet werden, dass der Hyperlink entfernt ist, damit die Angabe nicht unterstrichen und in schwarzer Farbe erscheint.

[38] Die Angabe des Autors unterstreicht die Seriosität der Internetseite.

3.4.5 Zur Reihenfolge der Angaben im Literaturverzeichnis

Das Literaturverzeichnis ist grundsätzlich alphabetisch nach dem Nachnamen[39] des Autors bzw. Herausgebers geordnet. Eine Nummerierung der Angaben ist dabei generell nicht üblich. Bei mehreren Werken derselben Person richtet sich die Reihenfolge normalerweise zuerst nach dem Nachnamen des etwaigen Mitautors, danach nach dem Anfangsbuchstaben des ersten Substantivs innerhalb des Titels.

3.4.6 Zitieren von mehreren Werken desselben Verfassers

Bei Angabe mehrerer Werke desselben Autors in der Literaturliste ist es üblich, ab der zweiten Angabe den Autornamen durch die Angabe „Ders." = „Derselbe" zu ersetzen. Dementsprechend wird bei weiblichen Personen mit „Dies." = „Dieselbe" abgekürzt. Die Abkürzung „Dies." kann jedoch auch für eine Mehrzahl vormals genannter Personen verwendet werden, also für „Dieselben" stehen. Besteht eine Herausgeberschaft, wird dies gesondert und wie gewohnt in runden Klammern angegeben.

Mehrere Werke des gleichen Verfassers:

FREVEL, CHRISTIAN, „Mit Blick auf das Land die Schöpfung erinnern". Zum Ende der Priestergrundschrift (Herders Biblische Studien 23), Freiburg i.Br.-Basel-Wien 2000.

DERS., Das Buch Rut (NSK.AT 6), Stuttgart 1992.
[= Derselbe = Frevel, Christian]

DERS. (Hg.), Medien im antiken Palästina? Materielle Kommunikation und Medialität als Thema der Palästinaarchäologie (FAT zweite Reihe 10), Tübingen 2005.
[= Frevel, Christian (Hg.)]

DERS./ WISCHMEYER, ODA, Menschsein (Echter Bibel – Ergänzungsbände 11), Würzburg 2003.
[= Frevel, Christian/ Wischmeyer, Oda,]

DERS./ BERLEJUNG, ANGELIKA (Hg.), Handbuch theologischer Grundbegriffe zum Alten und Neuen Testament, Darmstadt 2006.
[= Frevel, Christian/ Berlejung, Angelika (Hg.)]

---

[39] Ausnahmen gelten für Personen ohne Nachnamen wie **A**nselm von Canterbury, **T**homas von Aquin, **H**ildegard von Bingen etc.; hier wird nach den Vornamen geordnet, da es sich bei den Ortsangaben nicht um Nachnamen handelt! Bei Namen mit Adelstiteln wie Hans Urs von Balthasar u.ä. empfiehlt sich die Einordnung in B und analog.

DIES., Die Bücher Klagelieder und Baruch (Neuer Stuttgarter Kommentar 20), Stuttgart 2006.
[= Dieselben = Frevel, Christian/ Berlejung, Angelika]
SÖLLE, DOROTHEE, Gottes starke Töchter. Große Frauen in der Bibel, Ostfildern-Ruit ^{3}2005.
DIES., Erinnert euch an den Regenbogen. Texte, die den Himmel auf Erden suchen, Freiburg i.Br.-Basel-Wien ^{5}2004.
[= Dieselbe = Sölle, Dorothee]

3.4.7 Übersicht über Abkürzungen in Anmerkungen und Zitatnachweisen

Die folgenden Abkürzungen werden in wissenschaftlichen Arbeiten häufig benutzt, ohne in einem gesonderten Abkürzungsverzeichnis aufgeführt zu werden.

a.a.O.	= am angegebenen Ort	ders.	= derselbe
Bd.	= Band	dies.	= dieselbe/-n
Bde.	= Bände	ebd.	= ebenda
Hg.	= HerausgeberIn	f.	= folgende (Singular)
u.a.	= und andere/unter anderem	ff.	= folgende (Plural)
vgl.	= vergleiche		

Mit diesen Angaben sind Sie nun in der Lage, jedes Buch und jeden Artikel korrekt zu zitieren.
Es folgen noch weitere Beispiele.

3.4.8 Weitere Beispiele

3.4.8.1 Monographien

Ein bis drei Verfasser:

DÖRNEMANN, HOLGER, Freundschaft als Paradigma der Erlösung. Eine Reflexion auf die Verbindung von Gnadenlehre, Tugendlehre und Christologie in der Summa theologiae des Thomas von Aquin (Bonner dogmatische Studien 25), Würzburg 1997.
GROM, BERNHARD/ BRIESKORN, NORBERT/ HAEFFNER, GERD, Glück – auf der Suche nach dem „guten Leben“, Frankfurt a.M.-Berlin 1987.
HÖHN, HANS-JOACHIM, Zerstreuungen. Religion zwischen Sinnsuche und Erlebnismarkt, Düsseldorf 1998.

KNAUS, ANJA/ RENN, ORTWIN, Den Gipfel vor Augen. Unterwegs in eine nachhaltige Zukunft (Ökologie und Wirtschaftsforschung 29), Marburg 1998.

KREINER, ARMIN, Gott im Leid. Zur Stichhaltigkeit der Theodizee-Argumente (QD 168), Freiburg i.Br.-Basel-Wien 1997.

LANG, BERNHARD, Die Bibel. 2. erw. Aufl., Paderborn u.a.1994.

MACGRATH, ALISTER E., Der Weg der christlichen Theologie. Eine Einführung. Aus dem Englischen übers. von C. Wiese[40], München 1997.

PETZEL, PAUL, Was uns an Gott fehlt, wenn uns die Juden fehlen. Eine erkenntnistheologische Studie. Mit einem Vorwort von H. Waldenfels, Mainz 1994; zugleich: Bonn, Univ. Diss. 1993.

WACKER, MARIE-THERES, Figurationen des Weiblichen im Hosea-Buch (HBS 8), Freiburg i.Br.-Basel-Wien1996.

Vier oder mehr Verfasser:

CASPER, BERNHARD u.a., Jesus – Ort der Erfahrung Gottes, Freiburg i.Br.-Basel-Wien 1976.

Ein bis drei Herausgeber:

HOFMEISTER, KLAUS/ BAUEROCHSE, LOTHAR (Hg.), Bekenntnis und Zeitgeist. Das christliche Glaubensbekenntnis neu befragt, Würzburg 1997.

RISSE, GERHARD/ SONNEMANS, HEINO/ THESS, BURKHARD (Hg.), Wege der Theologie. An der Schwelle zum dritten Jahrtausend. FS H. Waldenfels, Paderborn 1996.

RÖTZER, FLORIAN (Hg.), Digitaler Schein. Ästhetik der elektronischen Medien, Frankfurt a.M. 1991.

Vier oder mehr Herausgeber:

JANNIDIS, FONTIS u.a. (Hg.), Regeln der Bedeutung. Zur Theorie der Bedeutung literarischer Texte (Revisionen 1), Berlin-New York 2003.

Institution als Herausgeber:

KUNST- UND AUSSTELLUNGSHALLE BRD (Hg.), Der Sinn der Sinne, Bonn 1998.

BUNDESVERBAND DER KATHOLISCHEN ARBEITNEHEMER-BEWEGUNG DEUTSCHLANDS (Hg.), Texte zur katholischen Soziallehre (KAB 8). 8., erw. Aufl., Bornheim 1992.

---

[40] Der Übersetzer muss nicht immer angegeben werden, aber häufig ist es interessant zu wissen, wer die Übersetzung angefertigt hat, da jede Übersetzung auch eine Interpretation beinhaltet.

3.4.8.2 Beitrag in einem Sammelband

BURRICHTER, RITA, Bildwelten erschließen – Bilderfahrungen machen. Aspekte einer Bilddidaktik im Kontext des Religionsunterrichts. In: CHRISTOPH BIZER u.a. (Hg.), Religionsdidaktik (Jahrbuch der Religionspädagogik 18), Neukirchen-Vluyn 2006, 144-156.

GARSKE, VOLKER, Christus-Transfiguration in „Gruppenbild mit Dame". In: GEORG LANGENHORST (Hg.), 30 Jahre Nobelpreis Heinrich Böll. Zur literarisch-theologischen Wirkkraft Heinrich Bölls, Münster-Hamburg-London 2002, 208-225.

JÄNICKE, MARTIN, Umweltpolitik in der Globalisierungsfalle? In: FRANK BIERMANN (Hg.), Zukunftsfähige Entwicklung. Herausforderungen an Wissenschaft und Politik. FS für Udo Ernst Simonis, Berlin 1997, 181-190.

WENDEL, SASKIA, Postmoderne Theologie? Zum Verhältnis von christlicher Theologie und postmoderner Philosophie. In: KLAUS MÜLLER (Hg.), Fundamentaltheologie. Fluchtlinien und gegenwärtige Herausforderungen, Regensburg 1998, 193-214.

3.4.8.3 Zeitschriftenartikel

FISCHER, KLAUS P., Philosophie und Mystagogie. Karl Rahners „reductio in mysterium" als Prinzip seines Denkens. In: ZKTh 120 (1998) 34-56.

HÄRING, HERMANN, Zwischen Theorie, Praxis und Imagination. In: Conc(D) 34 (1998) 21-37.

KOELLE, LYDIA, Nahe, selbst im Fernesein. Ilana Shmuelis Erinnern an Paul Celan. In: Zeitschrift für deutsche Philologie 122 (2003) 303-309.

STOSCH, KLAUS VON, Komparative Theologie – ein Ausweg aus dem Grunddilemma jeder Theologie der Religionen? In: ZKTh 124 (2002) 294-311.

THUY, LE PHUC/ BELMONT, JOHN/ NYHAN, WILLIAM L., Prenatal Diagnosis and Treatment of Holocarboxylase Synthetase Deficiency. In: Prenatal Diagnosis 19 (1999) 108-112.

3.4.8.4 Lexikonartikel

MAY, GEORG, Art. Interdikt. In: TRE 16 (1987), 221-226.

SIEP, LUDWIG/ ACH, JOHANN S., Art. Artenschutz. In: Lexikon der Bioethik 1 (1998), 218-225.

STROTMANN, ANGELIKA, Art. Schwester I. Biblisch. In: LThK 9 (^{3}2000), 350f.

4. Das Referat

Das Referat ist ein mündlicher Seminarvortrag, der von einem Studenten selbstständig anhand von z.T. vorgegebener und z.T. selbst recherchierter Literatur zu einem zuvor mit der Dozentin abgesprochenen Thema gehalten wird. Der Referierende setzt sich dabei soweit mit dem Thema auseinander, dass er kompetent über Problem- und Forschungsstand berichten und eigenständig dazu Stellung nehmen kann. Ziel ist es, die anderen Seminarteilnehmer in das behandelte Spezialgebiet des Seminarthemas einzuführen. Das kann durch einen darstellenden Vortrag oder auch durch erarbeitende Aktivitäten der Zuhörenden, wie Textarbeit etc. oder einer Kombination von beidem geschehen. Es ist wichtig, dass man bei einem Seminarvortrag immer deutlich macht, auf welche Frage man mit seinem Referat eine Antwort geben will. Diese Frage muss explizit formuliert werden und während des gesamten Vortrags für den Referierenden und die Zuhörenden präsent bleiben. Zudem sollte immer klar sein, in welchem Kontext das Referat im Verlauf des Seminars steht. Das erleichtert den anderen Seminarteilnehmern das Zuhören und Verstehen.

4.1 Vorbereitung und Gliederung eines Referats

Beachten Sie bei der Vorbereitung eines Referats, dass Sie einen mündlichen Vortrag vorbereiten, d.h. dass Sie nachher Zuhörer vor sich haben, die die Inhalte des Referierten beim „bloßen" Zuhören verstehen sollen.[41] Zudem sind sie nicht so sehr in den Spezialaspekt des Themas vertieft, wie Sie als Referent oder Referentin sind.

Folgende Schritte sind bei der Vorbereitung eines Referats zu vollziehen, wobei sich diese zum Teil mit den Vorbereitungsschritten für eine Hausarbeit überschneiden, so dass man sich, wenn man zu dem Referatsthema später noch eine Seminararbeit schreiben sollte und das Referat intensiv vorbereitet hat, einige Arbeitsschritte sparen kann.

---

[41] Vgl. zum ganzen Abschnitt Friedhelm Hülshoff/ Rüdiger Kaldewey, Training Rationeller lernen und arbeiten, Stuttgart [9]1990, 110-119. Vgl. auch Burkhard Moenninghoff/ Eckhardt Meyer-Krentler, Arbeitstechniken Literaturwissenschaft. 16., aktual. Aufl., München 2013, 12-16.

1. Schritt: Erstes Einlesen in das Thema
2. Schritt: Genaue Themenabsprache mit der Dozentin
3. Schritt: Literaturrecherche, d.h. Literatur zu der gegebenen Fragestellung suchen
4. Schritt: Literatur sichtend lesen und ggf. aussondern; für wichtig befundene Literatur studierend lesen
5. Schritt: Einen Überblick über die nun vorliegende Literatur verschaffen und auf die vorgegebene Fragestellung hin lesen
6. Schritt: Während des Lesens im Hinblick auf die gestellte Frage, auf die man eine Antwort sucht, die Gliederung der Arbeit bzw. des Referats entwickeln, ggf. nochmals Rücksprache mit der Dozentin
7. Schritt: Erarbeitung des inhaltlichen Gerüsts des Vortrags
8. Schritt: Didaktische Überlegungen zur Gestaltung der Seminarsitzung
9. Schritt: Vorbereitung des Vortrags, der ausgewählten Medien etc.

Zu Beginn der Referatsvorbereitung sollten Sie sich zumindest oberflächlich in das vorgegeben Thema einarbeiten. Dazu können die Seminarunterlagen bzw. Basistexte des Seminars dienen. Es ist zudem sinnvoll, gedanklich das Thema in den Kontext des Seminars einzuordnen, um den Zusammenhang zu anderen thematischen Schwerpunkten zu verstehen **(Schritt 1).** Wenn Sie nun einen ersten Überblick haben, können Sie das Gespräch mit der Dozentin suchen, um genauer zu klären, welche Zielsetzung das Referat verfolgt und wo der genaue thematische Schwerpunkt liegt. Wichtig ist hier, dass nach dem Gespräch eine genaue Fragestellung bzw. eine These entwickelt wird, auf die das Referat hinarbeitet **(Schritt 2).**

Nach dem Gespräch folgt dann eine Literaturrecherche zur Fragestellung, wie sie in Kapitel 2.1 beschrieben wurde **(Schritt 3).** Die recherchierte Literatur wird mit den in Kapitel 2.2 dargestellten Methoden sortiert und bearbeitet **(Schritt 4).** Daran anschließend ist die Literatur nochmals im Hinblick auf die übergeordnete Fragestellung des Referats zu sichten und zu lesen, um danach eine Gliederung des Referats zu entwickeln **(Schritte 5 und 6).** Die Gliederung sollten Sie zur Sicherheit nochmals der Dozentin vorlegen, um Missverständnissen vorzubeugen. Auch die zu lesende Literatur kann ggf. mit ihr abgesprochen werden.

Das Referat gliedert sich in Einstieg, Darstellung des Themas in einem argumentativen Gedankengang und Schluss. In dem Referat sollten Sie nur Dinge sagen, die Sie wirklich verstanden haben und Sie sollten eine Sprache verwenden, von der Sie glauben, dass Ihre Kommilitoninnen und Kommilitonen sie verstehen. Denken Sie immer an den Grundsatz Ludwig Wittgensteins: „Was sich sagen lässt, lässt sich klar sagen."[42] Und denken Sie daran, wie unwahrscheinlich es ist, dass die anderen etwas von Ihrer Darstellung verstehen, wenn Sie sie selber nicht verstehen. Versuchen Sie, Ihr Referat unterhaltsam zu gestalten und den Studierenden Lust auf Theologie zu machen.

Aufbau und Struktur des Referats:

Der **Einstieg** soll zum Thema hinführen, das Interesse bei den Hörenden wecken, Motivation zum Zuhören erzeugen und zum Mitdenken anregen. Vor allem sollte aber die Frage formuliert werden, auf die das Referat eine Antwort geben soll, sowie die Gliederung des Referats vorgestellt werden.

Im **Hauptteil** der Darstellung wird der Argumentationsgang zu der gefundenen Antwort wiedergegeben. Dabei ist auf eine klare und verständliche Gliederung entlang zentraler Aussagen zu achten. Wichtig ist, dass den Zuhörenden diese Gliederung und der rote Faden des Vortrags immer präsent sind. Dazu kann es hilfreich sein, die Gliederung zwischen großen Teilabschnitten nochmals zu präsentieren und so anzuzeigen, an welcher Stelle sich der Vortrag gerade befindet.
In diesem Teil können auch die Seminarteilnehmer durch Textarbeit o.Ä. eingebunden werden.

Der **Schluss** sollte die Hauptergebnisse zusammenfassen und die eingangs formulierte Frage beantworten. Zudem kann auf ungeklärte Probleme verwiesen oder persönliche Schlussfolgerungen gezogen werden. Es ist eine anschließende Diskussion möglich. Abschließend kann das behandelte Problem thesenartig in einen größeren Zusammenhang (z.B. in den Kontext des Seminars) eingeordnet werden.

Anhand Ihrer Gliederung können Sie das Referat in Form von Stichpunkten ausarbeiten, sodass das inhaltliche Gerüst des Vortrags steht. Hierbei sollte man sich wirklich darauf konzentrieren, was für die zu behandelnde Fragestellung wichtig ist. Natürlich füllen beispielsweise Biographien von Autoren die Zeit des Vortrags, sind meistens aber nicht sehr informativ. Es sollten aus einer Biographie nur Punkte aufgegriffen werden, die wirklich für die Fragestellung relevant sind. Genauso führt eine detaillierte Wiedergabe des erar-

[42] Ludwig Wittgenstein, Logisch-philosophische Abhandlung. Tractatus logico-philosophicus. In: Ders., Werkausgabe Bd. 1. Neu durchges. v. J. Schulte, Frankfurt a.M. [9]1993, 7-85, hier 9.

beiteten Textes nicht zum gewünschten Ergebnis. Deshalb sollten nur die Thesen der behandelten Literatur aufgenommen werden, die wieder zur Fragestellung passen **(Schritt 7).**

Folgende Fragen können bei der inhaltlichen Erarbeitung hilfreich sein:

- Was wollen Sie darlegen, erklären, beweisen oder widerlegen?
- Welche Thesen, Argumente, Beispiele oder Gesichtspunkte sind methodisch notwendige Schritte auf dem Weg zum Ziel?
- Welche Gedanken sollen besonders herausgestellt werden?
- Wie können die zu behandelnden Punkte angeordnet werden, damit sie folgerichtig und überzeugend zu der Antwort auf die Frage hinführen?

Medien

Medium	**Vorteile**	**Zu beachten:**
Power-Point-Präsentation	Die Präsentation kann multimedial vorbereitet werden; Bilder, Filme, Musik etc. können eingefügt werden. Zudem können die Folien nacheinander aufgebaut, die Inhalte zeitverzögert eingeblendet oder die Folien spontan noch ergänzt werden. Durch zusätzliche Funktionen können auch Notizen zur Präsentation eingefügt werden, um auf Karteikarten etc. verzichten zu können.	Man sollte sich auf ein klares, einfaches Design beschränken und nicht zu viele Effekte einfügen. Sinnvoll ist ein heller Hintergrund mit dunkler Schrift. Die Folien sollten nicht zu voll werden. I.d.R. sollten nicht mehr als drei Stichpunkte bzw. Sätze auf einer Folie erscheinen. Zudem sollte die Technik unbedingt vor dem Referat ausprobiert werden und man sollte sich zur Sicherheit Gedanken machen, was passiert, wenn die Technik nicht funktioniert.
Tafel	Auch eine Tafel findet sich in so gut wie jedem Seminarraum. Zudem funktioniert sie auch, wenn es einen Stromausfall gibt.	Das Schreiben an der Tafel benötigt viel Zeit, deshalb ist der Einsatz der Tafel vor allem für spontane Ergänzungen geeignet. Man sollte eine gut leserliche Handschrift haben.

Diesen inhaltlichen Vorbereitungen schließen sich nun methodische Schritte an, in denen es darum geht, wie der geplante Inhalt möglichst verständlich und interessant den Zuhörenden präsentiert werden kann. Das Ziel des Referats ist schließlich nicht die Präsentation von möglichst viel Wissen, sondern die Beantwortung einer konkreten, eingangs explizit zu formulierenden Frage. Man sollte sich dieses Ziel in einem Satz bzw. in einer Frage pointiert formulieren, um es stets präsent zu haben. Zunächst stellt sich die Frage, ob das Referat ein Fachvortrag sein soll oder ob die Studierenden aktiv in die Gestaltung der Sitzung eingebunden werden. Sodann sollte überlegt werden, welche Medien man zur Gestaltung des Vortrags und welche Methoden man zur Erarbeitung des Inhalts durch die Studierenden wählt **(Schritt 8).**

Methoden

> Methodisch bieten sich kleinere Textarbeiten oder Gruppenarbeiten mit anschließender Ergebnispräsentation (in Form von Plakaten, Folien etc.) an. Es können aber auch beispielsweise Podiumsdiskussionen erarbeitet und durchgeführt werden. Hierbei sollte dem Referenten jedoch immer klar sein, welches Ziel diese methodischen Schritte verfolgen und welches Ergebnis angestrebt wird.[42]

Nachdem man sich für ein Medium und ggf. für die Einbindung der Zuhörer entschieden hat, muss nun in einem letzten Schritt der Vortrag vorbereitet werden, in dem die Präsentation erstellt wird und ggf. Materialien für die Arbeitsphasen zusammengestellt werden. Zudem sollte der geplante Vortrag in Form von Stichpunkten auf Karteikarten festgehalten werden. Sie sollten sich hierbei wirklich auf Stichpunkte beschränken, weil sonst die Gefahr besteht, dass Sie sich nicht von den vorformulierten Worten lösen können, und der Vortrag eher einer schriftlichen Arbeit als einem mündlich vorgetragenen Referat gerecht wird. Wichtig ist, dass Sie während Ihres Vortrags immer wieder Augenkontakt mit den Zuhörenden (und nicht mit der Dozentin!) suchen. Wenn Sie merken, dass Sie nicht gut verstanden werden oder gähnende Langeweile produzieren, sollten Sie Ihren Vortragsstil anpassen und lebhafter gestalten. Denken Sie daran, dass Ihre primären Adressaten Ihre Kommilitoninnen und Kommilitonen sind. Sie sollen ins Thema eingeführt werden. Ihre Dozentin kennt sich schon mit dem Thema aus und wird Sie unterbrechen, wenn sie erkennt, dass Sie Hilfestellung benötigen. Online-Sitzungen können eine ungewohnte Situation für Sie als Vortragenden darstellen, denn i.d.R. fällt es schwer, nur anhand von Kameras die Stimmung Ihres Publikums zu bestimmen. Lassen Sie sich dadurch nicht verunsichern! Achten Sie darauf, beim Vortragen möglichst in die

[43] Eine Übersicht über Methoden finden Sie in FRANZ WENDEL NIEL/ ARTHUR THÖMMES (Hg.), 212 Methoden für den Religionsunterricht, München [8]2006.

Kamera zu schauen und gestalten Sie Ihren Vortrag interaktiv. Hiermit können Sie zum einen Ihre Kommilitoninnen und Kommilitonen dazu anregen, Ihrem Vortrag zu folgen und auf der anderen Seite eine möglichst normale Seminarsituation imitieren. Zudem können Sie sich rückvergewissern, ob Ihre Zuhörenden Ihnen folgen oder vielmehr nebenbei im Internet surfen.

Für den Fall, dass technische Geräte plötzlich ausfallen, sollte man sich schon im Vorfeld einen Plan B ausdenken, auf den im Notfall zurückgegriffen werden kann. Dafür sollten Sie alle Unterlagen ausgedruckt vorbereitet haben.

Eine gute Vorbereitung eines Referats endet schließlich mit dem Einüben des Vortrags. So erhält man auch einen guten Überblick über die benötigte Zeit und es kommt zu keinen bösen Überraschungen **(Schritt 9).** Außerdem kann man auf diese Weise üben, die aufgeschriebenen Stichworte zu zusammenhängenden, grammatisch korrekten Sätzen zu verbinden.

4.2 Präsentation des Referats

Vor der Präsentation des Referats sollten Sie möglichst mindestens 15 Minuten früher im Seminarraum sein, um ggf. Laptop/Beamer in Betrieb nehmen zu können oder das Tafelbild vorzubereiten.

Den Einstieg in die Präsentation des Referats bildet die Einführung in das Thema und das Vorstellen der Gliederung. Es empfiehlt sich, die ersten fünf Sätze des Referats auswendig zu lernen, um sie dann sicher vor dem Publikum vortragen zu können. Nach diesem Einstieg finden Sie die Sicherheit, um im Folgenden mit Hilfe der vorbereiteten Stichpunkte frei vorzutragen.

Diese Punkte tragen zu einem gelungenen mündlichen Vortrag bei:

- **Sprachliche Klarheit und Prägnanz:**
  - die Verwendung kurzer, klarer, möglichst aktivisch formulierter Sätze (Verbalstil),
  - eine übersichtliche Darstellung, die einen Überblick über den Aufbau des Referats gibt (in der Power-Point-Präsentation als Tafelbild oder Handout),
  - die Klärung von Fachausdrücken und komplizierten Begriffen, die nicht vorausgesetzt werden können,
  - die Vermeidung von Gedankensprüngen,
  - gelegentliche Zusammenfassungen der wichtigsten Gedanken und der Bezug zum „roten Faden“,

  - die Umschreibung komplizierter Sachverhalte (so zeigt man, dass man die Zusammenhänge verstanden hat),
  - die Veranschaulichung durch Beispiele.
- **Bewusste Gestaltung des Sprechstils**:
  - Einer freien Rede können die Zuhörenden wesentlich besser folgen als einem noch so gut formulierten, aber monoton abgelesenem Text.
  - Die Stimme muss so laut sein, dass alle Zuhörenden erreicht werden. Zudem sollten Sie möglichst deutlich und nicht zu schnell sprechen.
  - Hervorhebungen im Text können durch Modulation der Stimme, durch die Variation des Sprechtempos und Gesten verdeutlicht werden.
- **Einsatz aktiver Pausen:**
  Konzentrations- und Aufnahmefähigkeit der Zuhörer sind begrenzt, so dass Pausen eingelegt werden müssen, die durch den Einsatz von Medien, durch die Zusammenfassungen und die Frage nach Unklarheiten o.ä. erreicht werden können. Auch ein Verweis auf den jeweiligen Gliederungspunkt des Thesenpapiers bietet sich an.
- **Gelungene Zeiteinteilung:**
  Die Länge des gesamten Vortrags einschließlich der oben dargestellten Pausen darf auf keinen Fall mehr als 45 Minuten betragen: “Man kann über alles reden, nur nicht über 45 Minuten.“[44] Länger als 45 Minuten am Stück wird sich kaum jemand konzentrieren können. Im Übrigen sind, was die Länge des Referates angeht, die Vorgaben der Dozentin strikt einzuhalten. Es gilt also, das Referat auch in Bezug auf die Zeit so zu strukturieren, dass man mit der angegebenen Zeit auskommt und nicht etwa am Schluss wichtige Punkte auslassen muss.

4.3 Das Thesenpapier

Zu einem Referat wird zumeist ein Thesenpapier – auch Handout genannt – verlangt, das die Inhalte des Referats kurz zusammenfasst und für die Zuhörer festhält.

---

[44] HÜLSHOFF/ KALDEWEY, Training Rationeller lernen und arbeiten, 119.

Titel des Seminars Dozentin: Referentin: WiSe/SoSe 20.. Datum

Thema des Referates
• Gliederungspunkte und Thesen
• …
• …
• …
  ◦ …
  ◦ …
• …
• …
• …
Literatur:

Das Thesenpapier orientiert sich an der Gliederung des Referats und stellt die Hauptpunkte kurz zusammen. Es ist sinnvoll, kurze, ausformulierte Sätze zu schreiben, damit die Seminarteilnehmer, die sich in die Materie nicht so intensiv eingearbeitet haben, bei der Wiederholung des Stoffs (vor Prüfungen, Klausuren, o.ä.) einen Zusammenhang wiedererkennen. Das Thesenpapier sollte auch ohne das Referat zu verstehen sein und die Struktur des Vortrags verdeutlichen.

Wichtig ist auch bei einem Thesenpapier, die verwendete Literatur anzugeben. Einerseits zeigt dies, wessen Gedanken vorgestellt werden, andererseits bietet es den Zuhörenden die Möglichkeit, das Thema zu vertiefen. Es werden bei einem Handout jedoch keine Fußnoten eingefügt, sondern die Literaturangaben beschränken sich auf eine Auflistung der Quellentexte am Ende des Thesenpapiers. Wenn man auf einem Thesenpapier ein direktes Zitat aufführt, genügt eine Literaturangabe in Klammern mit Angaben des Namens der Autorin und der Angabe der Seitenzahl. Wichtig ist nur, dass sich eine eindeutige Zuordnung der Autorin zu den Literaturangaben ergibt.

Ein Thesenpapier sollte eine Länge von zwei Seiten nicht überschreiten – denn es ist ein Thesenpapier und keine Hausarbeit. Darüber hinaus hilft eine solche Beschränkung, die Kernaussagen des Referats herauszufiltern und auf den Punkt zu bringen, was dazu führt, dass die einzelnen Argumentationsschritte klarer hervortreten.

Sie sollten sich bei der Vorbereitung des Referats überlegen, ob das Thesenpapier zu Beginn oder am Schluss des Vortrags ausgeteilt werden soll. *Vorteil zu Beginn*: Die Zuhörenden haben die Gliederung des Referats vor Augen, können den Gedankenschritten leichter folgen und können das Thesenpapier durch Anmerkungen und Korrekturen gezielt ergänzen. *Nachteil zu Beginn*: Die Zuhörenden können zu Mitlesenden werden und wären dann keine Mitdenkenden. *Vorteil zu Ende*: Sie haben hoffentlich die volle Aufmerksamkeit der Hörenden. *Nachteil zu Ende*: Die Zuhörenden werden zu Mitschreibenden, weil sie nicht wissen, wie ausführlich das Thesenpapier ist, das nachgereicht wird. Außerdem könnte es sein, dass das Thesenpapier ggf. gar nicht mehr zur Kenntnis genommen und somit überflüssig wird.

Die Vorgehensweise ist je nach Art und Schwierigkeitsgrad des Referates abzuwägen, z.B. unter Berücksichtigung der Frage, ob der Stoff mit den Zuhörenden zusammen erarbeitet werden soll, oder ob es eher um eine möglichst schnelle und effiziente Wissensvermittlung geht. In der Regel dürfte aber die Austeilung des Thesenpapiers vor Beginn des Vortrags empfehlenswert sein.

5. Schriftliche Arbeiten

Während des Studiums werden Sie schriftlichen Arbeiten nicht aus dem Weg gehen können. Entweder werden Sie kleinere Arbeiten wie Responsepaper, Protokolle oder Essays als Teil der aktiven Teilnahme in einem Seminar oder Hausarbeiten als Form der Prüfungsleistung verfassen müssen. Im Folgenden finden Sie Hinweise zur Erstellung dieser wichtigsten schriftlichen Arbeiten.

5.1 Die Hausarbeit oder Seminararbeit

Eine Haus- oder Seminararbeit ist eine zwischen 10 und 20 Seiten[45] umfassende, selbst verfasste schriftliche Abhandlung zu einem bestimmten Thema, in der auf der Basis von abgesprochener und selbst gesuchter Literatur eine theologische Fragestellung eigenständig bearbeitet wird. Sprache und Stil müssen den Anforderungen an eine wissenschaftliche Arbeit gerecht werden. Verwendete Meinungen und Argumente anderer Autoren müssen als solche durch Fußnoten (vgl. Kap. 3) ausgewiesen werden. Eigene Meinungen und Argumente müssen entsprechend erläutert und sprachlich als solche gekennzeichnet werden. Das Thema richtet sich häufig nach einem zuvor in einem Seminar gehaltenen Referat (vgl. Kap. 4), kann aber auch unabhängig davon formuliert werden. Es muss in jedem Fall mit der Dozentin vorher abgesprochen werden.

5.1.1 Die Hausarbeit in den verschiedenen Disziplinen

Je nachdem in welcher Disziplin eine Hausarbeit geschrieben wird, unterscheidet sich sowohl Inhalt und Zielsetzung als auch Aufbau der Arbeit.

Die **biblischen Hausarbeiten** beschäftigen sich in der Regel mit der exegetischen Auslegung einer biblischen Perikope. Das Ziel ist es, die biblischen Texte in ihrem theologischen Inhalt zu verstehen.[46] Dazu werden die entsprechenden Bibelverse selbstständig übersetzt

---

45 Den geforderten Umfang der Hausarbeit können Sie Ihrer Studienordnung entnehmen. Er wird zumeist in Zeichenzahlen angegeben.

46 Vgl. Hans Conzelmann/ Andreas Lindemann, Arbeitsbuch zum Neuen Testament. 14., durchgesehene Auflage, Tübingen 2004, 8.

bzw. Übersetzungen verglichen und Methoden der historisch-kritischen Bibelauslegung (wie Textkritik, Literarkritik, Formgeschichte etc.) herangezogen. Hier steht die Arbeit mit verschiedenen Quellenausgaben, Wörterbüchern, Bibelübersetzungen, Kommentarreihen und einzelnen Monographien zu bestimmten Perikopen im Mittelpunkt. Exegetische Arbeiten folgen zumeist einer klaren inhaltlichen Schrittfolge. Die Methoden der Exegese erlernen Sie in einem Seminar zur Einführung in die biblische Textauslegung.[47] Während des Seminars werden Sie auch den spezifischen Aufbau und die notwendigen Schritte einer exegetischen Arbeit erlernen. Vor allem bei exegetischen Arbeiten ist im Literaturverzeichnis darauf zu achten, alle verwendeten Bibelübersetzungen anzugeben und dabei zwischen Quellen (Bibelübersetzungen etc.) und Sekundärliteratur (wie z.B. theologische Kommentare etc.) zu unterscheiden.

Im Vordergrund einer **historischen Arbeit** steht die Auseinandersetzung mit einer historischen Quelle der Kirchen- oder Theologiegeschichte. Diese muss nach Maßstäben der historischen Wissenschaft analysiert und eingeordnet und ggf. in Beziehung zu anderen Quellen gesetzt werden. Im Laufe Ihres Studiums der Historischen Theologie werden Sie den korrekten Umgang, das Analysieren und die historische Einordnung von Quellen erlernen, was Sie dann beispielhaft in einer Hausarbeit anwenden können.[48]

In besonderem Maße ist auch bei historischen Arbeiten zu beachten, das Quellen- und das Literaturverzeichnis zu unterscheiden. Zudem ist das Quellenverzeichnis in zwei Abschnitte zu unterteilen:

1. Nicht-publizierte Quellen (Handschriften, Archivalien etc.)
2. publizierte Quellen

In einem neuen Abschnitt wird dann das Literaturverzeichnis mit der verwendeten Sekundärliteratur angefügt.

Systematisch-Theologische Arbeiten setzen sich – im Gegensatz zu den beiden vorhergenannten Disziplinen, die einen spezifischen historischen Schwerpunkt hatten – argumentativ mit einem Thema oder einer Fragestellung auseinander. Dazu kann beispielsweise ein theologischer Ansatz eines Autors ausführlich dargestellt werden. Eine andere Möglichkeit ist der Vergleich verschiedener Positionen zu einer Fragestellung. Im Vordergrund der systematischen Arbeit steht jedoch immer die Untersuchung des behandelten Ansatzes/der behandelten Positionen auf Konsistenz und Kohärenz und das Be-

---

[47] Vgl. dazu die unter Kap. 6.3.2.5 angegebene Literatur zu den exegetischen Methoden.

[48] Vgl. hierzu auch die in Kap. 6.3.3 angegebene Grundlagenliteratur.

gründen bzw. Widerlegen der zugrundeliegenden Argumentation. Der Aufbau der Arbeit kann dabei entweder linear oder dialektisch erfolgen.

Linearer Aufbau	Dialektischer Aufbau
1. Argument (Prämissen, Schlussfolgerungen) 2. Argument (Prämissen, Schlussfolgerungen)	1. Argument Gegenargument (Ggf. Entkräftung des Gegenargu-ments) Begründete Stellungnahme
Beurteilung und begründete Stellungnahme	2. Argument Gegenargument (Ggf. Entkräftung des Gegenargu-ments) Begründete Stellungnahme

Praktisch-theologische Arbeiten sind interdisziplinäre Arbeiten – zum einen, weil sie ihre theologische Grundlage aus allen drei zuvor genannten theologischen Disziplinen (biblische, historische und systematische) beziehen, zum anderen weil sie sich immer auch mit anderen wissenschaftlichen Disziplinen und Fragestellungen wie der Pädagogik, der Entwicklungspsychologie, der Kunstwissenschaft etc. auseinanderzusetzen haben.

In religionspädagogischen Arbeiten werden Fragen in den Blick genommen, die sich mit der religiösen Bildung in allen Altersstufen des menschlichen Lebens beschäftigen. Deshalb werden neben exegetisch-, historisch- und systematisch-theologischen Arbeitsweisen auch Arbeitsweisen der Pädagogik (wie z.B. empirischen Fragestellungen zur konkreten Lebenssituation und Sozialisationsgeschichte eines Kindes) notwendig. Für eine religionspädagogische oder fachdidaktische Arbeit können u.a. Medien wie Kunstwerke oder Musikstücke herangezogen werden. Sie müssen jeweils medienspezifisch analysiert werden.

Praktisch-theologische Arbeiten können neben dem religionspädagogischen u.a. auch einen liturgiewissenschaftlichen oder pastoraltheoretischen Schwerpunkt haben. Auch hier geht es vor allem darum, konkrete Situationen oder Gegebenheiten in ihrer Entstehung und ihrem Kontext zu analysieren. Je nach Themenwahl kann eine liturgiewissenschaftliche Seminararbeit auch einen historischen Schwerpunkt haben.

In allen Bereichen der Theologie endet eine Hausarbeit mit einer begründeten Stellungnahme, in der die eigene Interpretation auf die dargelegten Argumentationsgänge und Sachverhalte begründet wird. Denn Theologie ist immer auch Zeugnis für den Logos Gottes, mit dem sich die Theologie Treibenden wissenschaftlich und existenziell auseinander setzen. Sie wissen sich von diesem Logos Gottes persönlich herausgefordert, so dass sie nicht nur in der Rolle einer Beobachterin bleiben können, sondern zu einem eigenen Engagement finden müssen. Dieses Engagement darf allerdings nicht dem wissenschaftlichen Charakter der Arbeit fremd sein, sondern muss aus den Erkenntnissen der Arbeit abgeleitet werden. Denn der Logos Gottes will im menschlichen Logos bezeugt und lebendig werden (vgl. Kap. 1).

5.1.2 Schrittfolge zur Erstellung einer Hausarbeit

Das Erstellen einer Hausarbeit lässt sich in mehrere Schritte unterteilen.

Als erster Schritt **(Problemstellung/Eingangsphase)** sollten zunächst Thema und Fragestellung entwickelt und klar eingegrenzt werden. Ausgangspunkt für die Entwicklung einer Fragestellung ist das Thema des besuchten Seminars oder einer einzelnen Seminarsitzung. Vielleicht sind Ihnen schon während des Seminars einzelne Aspekte für eine Hausarbeit interessant erschienen, sodass Sie hier ansetzen können und die Fragestellung ausarbeiten können. Falls Sie keine Idee haben, können Sie vom Seminarthema ausgehend nochmals den Seminarverlauf durchgehen und hier nach Ideen oder Aspekten suchen, die noch offengeblieben sind. An dieser Stelle bietet es sich an, ein Mind-Map zu erstellen und zunächst alle spontanen Ideen zum Oberthema zu notieren. Welcher Aspekt ist beispielsweise noch unklar oder paradox? Wo gab es widersprüchliche Positionen? Waren noch einzelne Aspekte unerforscht bzw. unzureichend aufbereitet? Gab es ggf. Aspekte, die sich mit vorhandenem Wissen oder anderen besuchten Lehrveranstaltungen verknüpfen ließen? Wenn Sie nun die Eckpunkte für die Fragestellung der Seminararbeit entwickelt haben, können Sie sie nach folgenden Aspekten eingrenzen. Dies ist insbesondere wichtig, wenn bisher nur ein weites Thema oder gar ein Themenfeld herausgearbeitet wurde; denn nicht alle Spezialfragen und Detaildiskussionen können in einer Hausarbeit ausführlich behandelt werden.

Eingrenzung z.B. auf:
- einen begrenzten Zeitraum
- ein Ereignis
- eine ausgewählte Region bzw. einen Ort
- eine oder mehrere Institutionen/Organisationen/(politische) Systeme
- eine oder mehrere Personen bzw. Personengruppen
- eine oder mehrere inhaltliche Positionen zum Thema
- einen oder mehrere inhaltliche Aspekte des gewählten Themas

Daran anschließend kann nun eine konkrete Fragestellung für die Seminararbeit formuliert werden. Diese Frage gilt es, in der Einleitung darzulegen, im Verlauf der Arbeit im Blick zu behalten und im Schlussteil der Arbeit unter Einbeziehung der im Hauptteil gewonnenen Erkenntnisse konkret und eigenständig zu beantworten.

Mögliche Fragestellungen:
Wie gestaltet sich …?
Wie erreicht man das Ergebnis …?
Wie lässt sich erklären, dass … ?
Wie unterscheidet sich …?
Welchen Einfluss hat …?
Wie hat sich … entwickelt?
Welche Möglichkeiten bestehen, um … zu erreichen?
Welche Konzepte ermöglichen …?
Welchen Nutzen hat …?
Welche Positionen zu ….. gibt es und wie plausibel sind sie?
Inwiefern …?

Die Fragestellung sollte mit der betreuenden Dozentin abgesprochen werden. Sie kann inhaltliche Anhaltspunkte und erste Literaturhinweise geben und einschätzen, ob die Fragestellung für die Bearbeitung in einer Seminararbeit geeignet ist oder ob sie nochmals präzisiert werden muss.

Ist die Fragestellung klar eingegrenzt und mit der Dozentin besprochen, beginnt die zweite Phase (**Problemlösung**), die mit einer ausführlichen Literaturrecherche beginnt (vgl. Kap. 2). Erste Anlaufstelle sind die vom Dozenten gegebenen Literaturhinweise. Nach der Recherche muss die Literatur zunächst gesichtet und ausgewählt werden (Materialsichtung und Materialsammlung; vgl. Kap. 2.1).

Hierbei ist es wichtig zu unterscheiden, was relevant ist, und welche Texte zu weit führen würden (kritische Materialfilterung). Oft stößt man bei der Literaturrecherche auf weitere Literaturhinweise, denen man nachgehen sollte. So wiederholt sich der Sichtungsvorgang in der Regel mehrere Male.

Im darauffolgenden Schritt müssen die Texte, die für die Fragestellung relevant erscheinen, studierend gelesen und verstanden werden (vgl. Kap. 2.2). Gleichzeitig sollte schon eine Grobgliederung durch ein Ordnen der Inhalte entstehen, an der die innere logische Struktur der Arbeit erkennbar wird. Die Gliederung braucht zu diesem Zeitpunkt allerdings noch kein starres Konzept zu sein, vielmehr kann sie beim Erarbeiten des Materials dynamisch angepasst werden. Wichtig ist jedoch, dass die entwickelte Fragestellung immer präsent bleibt und die Gliederung der Beantwortung der Frage dient. Ggf. kann hier auch nochmal die Fragestellung präzisiert oder umformuliert werden, falls sie bisher zu komplex oder zu ungenau gestellt war.

Sind diese Schritte vollzogen, folgt das Verfassen der Arbeit **(Ergebnisformulierung).**

- Um einen Einstieg in das Schreiben der Arbeit zu bekommen und sich nochmals die Zielsetzung der Arbeit zu vergegenwärtigen, kann es hilfreich sein, zunächst die **Einleitung** zu formulieren, die aber sicher am Ende des Schreibprozesses nochmals überarbeitet und dem tatsächlichen inhaltlichen Verlauf der Arbeit angepasst werden muss. Die Einleitung hat die Funktion, den Leser bzw. die Leserin auf das Thema einzustimmen, das zu bearbeitende Problem zu skizzieren, die Aufgabenstellung bzw. die Frage, auf die in der Arbeit eine Antwort gegeben werden soll, zu benennen, die Relevanz des Themas aufzuzeigen und die Vorgehensweise/die Methodik und den Gedankengang der Arbeit darzustellen.
- Danach folgt die Erarbeitung des **Hauptteils**. Hier wird das Thema unter der gegebenen Fragestellung anhand der zu bearbeitenden Literatur in einem schlüssigen Argumentationsgang entfaltet. Dies beinhaltet auch und gerade, einzelne Positionen darzustellen, sie mit der Fragestellung in Verbindung zu bringen und kritisch Stellung zu beziehen (vgl. zu den verschiedenen Schwerpunktsetzungen der Arbeiten in den verschiedenen Disziplinen Kap. 5.1.1) Die Bearbeitung des Hauptteils muss nicht notwendigerweise bei dem ersten Kapitel beginnen und beim letzten enden. Falls es für Sie einfacher ist, können Sie auch zunächst leich-

tere Unterkapitel bearbeiten und im Anschluss die schwierigeren in Angriff nehmen. Wichtig ist jedoch, dass immer der rote Faden der Arbeit erkennbar bleibt.
- Das **Fazit** enthält schließlich das Resultat der Argumentation des Hauptteils. Auf die eingangs gestellte Frage sollte an dieser Stelle eine Antwort gegeben werden. Vorangegangene Aussagen können hier noch einmal zusammengefasst werden. Des Weiteren ist hier der Ort für die eigene Position, für abschließende Kritik und einen Ausblick.[49]

Wenn nun der gesamte Textteil steht, sollten Sie ihn ein bis zwei Tage beiseite legen und dann mit den Korrekturarbeiten **(Redaktionelle Endphase)** beginnen. Dazu sollte die komplette Arbeit mindestens einmal auf inhaltliche Stringenz und einmal auf Rechtschreibung und Zeichensetzung durchgelesen werden. Sinnvoll ist es auch, die Arbeit von einem Kommilitonen Korrektur lesen zu lassen, da dem Schreiber häufig die eigenen Fehler nicht auffallen. Zudem muss die Arbeit an die formalen Vorgaben angepasst, Titelblatt, Inhaltsverzeichnis etc. erstellt und Literaturhinweise und Fußnoten überprüft werden. Sofern alle Fehler behoben und Vorgaben eingehalten wurden, kann die Arbeit gedruckt und schließlich abgegeben werden.

5.1.3 Zeitplanung

Die Erstellung einer wissenschaftlichen Arbeit erstreckt sich über mehrere Wochen, deshalb sollte frühzeitig eine realistische Zeitplanung aufgestellt werden. Die **Vorbereitungen** zur Hausarbeit sollten wenn möglich schon während des Semesters vollzogen werden. Dazu gehören die Themenfindung, die Absprache mit dem Dozenten und die Literaturrecherche und -beschaffung. Eingeplant werden muss auch, dass manche Bücher gerade von anderen Nutzern ausgeliehen sein können oder nur per Fernleihe zur Verfügung stehen. Der nächste Schritt der **inhaltlichen Erarbeitung** mit Literatursichtung und -bearbeitung wird besonders viel Zeit in Anspruch nehmen.

---

49 An vielen Universitäten gibt es mittlerweile viele Schulungsangebote für die Erstellung wissenschaftlicher Texte (beispielsweise das Schreiblabor der Universität Bielefeld, das Kompetenzzentrum Schreiben der Universität Paderborn oder das Kompetenzzentrum Schreiben der Universität zu Köln). Diese können bei Problemen wie Schreibblockaden etc. weiterhelfen.

Wichtig ist, dass die Tätigkeit des Lesens nicht unterschätzt wird. Einen wissenschaftlichen Aufsatz so zu lesen, dass er wirklich verstanden wurde, kann mehrere Stunden in Anspruch nehmen. Aber nicht nur das Lesen der Literatur steht in dieser Phase im Vordergrund, sondern auch die Erarbeitung der inhaltlichen Gliederung für die Hausarbeit. Hierzu kann die Gliederung mit ausführlichen inhaltlichen Stichpunkten und der dazu zu verwendenden Literatur ergänzt werden.

An diese Schritte anschließend beginnt der eigentliche **Schreibprozess** der Arbeit. Dieser Schreibprozess kann je nach Schreibtyp[50] ganz unterschiedlich ausfallen. Einerseits kann es so sein, dass alle Literatur erarbeitet, eine ausführliche Gliederung mit inhaltlichen Notizen erstellt wurde und die Arbeit dann „heruntergeschrieben" wird, andererseits kann es aber auch so sein, dass schon nach der Lektüre der ersten Aufsätze der Schreibprozess beginnt und während des Schreibens immer neue Literatur hinzugenommen und erarbeitet wird.

Sowohl für die Lese- als auch die Schreibphase sollten feste Arbeitszeiten und -ziele eingeplant und formuliert werden. Vor allem für die Schreibphase ist es wichtig, dass man sich einen längeren Zeitraum freihält, damit man sich nach einigen Tagen Unterbrechung nicht wieder neu in das Thema einarbeiten muss. Sinnvoll ist es beispielsweise sich zwei Wochen jeweils vor- und nachmittags drei bis vier Stunden Zeit zu nehmen, in der man sich nur mit der Hausarbeit beschäftigt.

Abschließend sollte genügend Zeit für Korrekturarbeiten, die formale Gestaltung und schließlich das Drucken der Arbeit eingeplant werden. Dies sollte mindestens eine Woche vor Abgabetermin geschehen.

Tipp: Es empfiehlt sich, Kommilitonen oder Freunde zu bitten, die Hausarbeit Korrektur zu lesen. Oftmals werden dabei Fehler oder Unklarheiten aufgedeckt, für die man selbst trotz intensiver Korrekturarbeit „blind" war.

---

[50] Grundsätzlich kann zwischen zwei „Schreibtypen" unterschieden werden. Während der erste Typ zunächst die Hausarbeit detailliert plant und sie danach nieder schreibt, beginnt der zweite Typ direkt mit dem Schreibprozess und strukturiert und plant den Text erst während und nach dem Schreiben. Neben diesen beiden Typen gibt es viele Zwischenformen.

1. Phase: Vorbereitungen	Themenfindung, Absprache mit dem Dozenten, Literatursuche und -beschaffung (ggf. per Fernleihe oder per Vormerkung)	Am besten während des Semesters
2. Phase: Inhaltliche Erarbeitung	Lesen und Erarbeiten der Literatur, Erstellen einer Gliederung, vorzugsweise mit inhaltlichen Notizen, was in den Kapiteln erarbeitet werden soll und welche Literatur dafür verwendet werden soll.	Feste Arbeitszeiten und -ziele einplanen
3. Phase: Schreibprozess	Schreiben der Hausarbeit	Feste Arbeitszeiten, am besten täglich
4. Phase: Korrekturen und Fertigstellen der Arbeit	Korrekturlesen, formale Gestaltung, Drucken, Abgabe	mind. eine Woche einplanen, um bösen Überraschungen vorzubeugen

5.1.4 Aufbau und Struktur einer Hausarbeit

Eine vollständige Hausarbeit umfasst folgende Abschnitte (in dieser Reihenfolge): Titelblatt, Inhaltsverzeichnis, Einleitung, Hauptteil, Fazit, (evtl. Abkürzungsverzeichnis) Literaturverzeichnis, (evtl. Abbildungsverzeichnis[51]) Eigenständigkeitserklärung und Anhang.

- Das **Titelblatt** sollte folgende Informationen enthalten und im dargestellten Layout gestaltet sein:

[51] Sofern in der Arbeit Bilder der Kunst verwendet und analysiert werden, muss ein Abbildungsverzeichnis eingefügt werden.

Universität xy
Fakultät/Institut
Ü/PS/HS/OS: Titel
Name des/der Lehrenden
WiSe/SoSe

Titel der Arbeit

Name des Verfassers
Anschrift
Telefon
E-Mail
Matrikel.Nr.
Studiengang/Fachsemesterzahl

- Das **Inhaltsverzeichnis** einer Hausarbeit sollte sich an dem eines Buches orientieren. Es sollte eine klare Übersicht über die Gliederung der Arbeit bieten. Alle Kapitel- und Unterkapitelüberschriften (einschließlich des Literaturverzeichnisses) müssen hier aufgeführt und im Text wiederholt werden. Unterkapitel werden zumeist – der Übersicht halber – eingerückt. Hinter der jeweiligen Überschrift werden die Seitenzahlen (ohne Zusätze wie z.B. „S.“) angegeben, die leicht durch den Tabstopp ausgerichtet werden können. Generell kann zur Erstellung des Inhaltsverzeichnisses auch der Editor im Computer sehr hilfreich sein, der z.B. die Aktualisierung der Überschriften und Seitenzahlen vereinfacht. Das Inhaltsverzeichnis kann zusammen mit dem Titelblatt bei der Seitenzählung berücksichtigt werden.

  Layout

  Es gibt mehrere Möglichkeiten, das Inhaltsverzeichnis zu layouten. Hier seien zwei Beispiele vorgestellt:

Numerische Gliederung

Inhalt

Alphanumerische Gliederung:

Inhalt

- Der Textteil besteht aus **Einleitung**, **Hauptteil** und **Fazit.**
- Im **Abkürzungsverzeichnis** müssen ggf. Abkürzungen, die eingeführt wurden für Werke, die in der Arbeit sehr häufig zitiert werden (z.B. Titel der Primärliteratur), aufgeführt werden; Abkürzungen, die im Internationalen Abkürzungsverzeichnis für Theologie und Grenzgebiete (IATG) verzeichnet sind, müssen natürlich nicht erwähnt werden. In diesem Fall genügt zu Beginn oder Ende des Literaturverzeichnisses ein Verweis auf das Abkürzungsverzeichnis der IATG (oder auf ein anderes Abkürzungsverzeichnis, das konsultiert wurde):

„Die Abkürzungen richten sich nach: IATG. Internationales Abkürzungsverzeichnis für Theologie und Grenzgebiete, zusammengestellt von Siegfried M. Schwertner, Berlin ³2014"

- Das **Literaturverzeichnis** enthält die gesamte Literatur mit vollständigen Literaturangaben (vgl. hierzu auch Kap. 3.5), die in mindestens einer Fußnote erwähnt wurde, d.h. dass jede Fußnotenangabe auch im Literaturverzeichnis aufgeführt wird und umgekehrt jede Angabe im Literaturverzeichnis mindestens in einer Fußnote Erwähnung finden muss. Die verwendete Literatur ist immer alphabetisch aufzuführen. Dabei ist es gut – allerdings nicht unbedingt notwendig – die Vornamen der Autoren auszuschreiben, falls diese bekannt sind.[52] Hier gilt wieder das Prinzip der Einheitlichkeit: Wird ein Vorname ausgeschrieben, sollten alle ausgeschrieben werden.
  Da eine Hausarbeit eine Arbeit mit wissenschaftlichem Status sein soll, ist es nötig, sich zu einem Thema mit vielfältigen Textformen auseinanderzusetzen. Ein gutes Literaturverzeichnis enthält daher Quellen verschiedener Textgattungen, die allerdings ruhig alle in alphabetischer Reihenfolge in einem Verzeichnis aufgeführt werden sollten, um sie möglichst leicht und schnell wiederfinden zu können.
- Sofern Sie Bilder, Grafiken etc. in Ihrer Arbeit verwendet haben, muss auch ein **Abbildungsverzeichnis** eingefügt werden. Hierzu werden die Abbildungen im Fließtext durchnummeriert, mit dem jeweiligen Titel versehen und ihre jeweiligen Quellen im Verzeichnis angegeben.

Bsp.:
S. xy, Name, Titel, Jahr, Gemäldeart, Größe, Ort, entnommen aus: Quelle.
S. 21, Michelangelo Merisi da Caravaggio, Die Berufung des Hl. Matthäus, 1599/1600, Öl auf Leinwand, 322 cm x 340 cm, San Luigi dei Francesi, Rom, entnommen aus: ...

- Viele Universitäten verlangen, dass Sie am Ende jeder Hausarbeit eine **Eigenständigkeitserklärung** anfügen und unterschreiben, mit der Sie versichern, dass Sie die Arbeit selbstständig verfasst und alle dem Sinn oder Wortlaut nach anderen Werken entnommenen Stellen als solche kenntlich gemacht haben:

52 Wer einmal nach einem M. Müller im Verbundkatalog der Universitätsbibliothek gesucht hat, weiß, welch wichtige Arbeitserleichterung mit dem Ausschreiben der Vornamen verbunden ist.

Eigenständigkeitserklärung
Ich versichere, dass ich die schriftliche Hausarbeit einschließlich eventuell beigefügter Zeichnungen, Kartenskizzen und Darstellungen selbstständig angefertigt und keine anderen als die angegebenen Hilfsmittel benutzt habe. Alle Stellen, die dem Wortlaut oder dem Sinn nach anderen Werken oder dem Internet entnommen sind, habe ich in jedem Fall unter genauer Angabe der Quelle deutlich als Entlehnung kenntlich gemacht.

Ort, Datum

(Unterschrift)

- Der **Anhang** enthält zusätzliche Materialien, die nicht in den Fließtext hineingehören, die aber für den Inhalt der Arbeit relevant sind. Dies können beispielsweise Interviews, Tabellen oder in fachdidaktischen Arbeiten Unterrichtsmaterialien etc. sein.

5.1.5 Formalien

- **Ränder:** Rechts, unten und oben muss der Rand zwischen 2 bis 3cm groß sein, links 3 bis 4cm.
- **Text:** Es muss in der gesamten Arbeit Blocksatz und 1,5-facher Zeilenabstand verwendet werden. Ausnahme: Titelblatt und Überschriften; was den Zeilenabstand betrifft zusätzlich auch die Fußnoten (hier: einfacher Abstand). Generell sollte mit Zeilenumbrüchen sparsam umgegangen werden, Absätze sollten bei Sinnabschnitten gemacht werden. Bei einem neuen Kapitel wird auf der nächsten Seite begonnen, wenn die Überschrift und zwei Textzeilen nicht mehr auf die vorangegangene Seite passen.
- **Schriftbild:** Die gesamte Arbeit muss in einer einheitlichen, gut leserlichen Schriftart abgefasst sein, beispielsweise Times New Roman, Schriftgröße 12 (in den Fußnoten 10) oder Arial, Schriftgröße 11 (in den Fußnoten 9).[53] Ausnahmen: Titelblatt und Überschriften. In der Arbeit darf mit Unterstreichungen, Kursiv- und Fettdruck zur Hervorhebung von Textstellen gearbeitet werden.[54] Die Überschriften sollten auf jeden Fall hervorgehoben werden.
- **Seitenzahlen:** Die Arbeit muss mit Seitenzahlen versehen werden, die rechts oder in der Mitte, oben oder unten stehen dürfen. Stehen sie in der Mitte, ist es üblich, sie zwischen Gedanken-

---

53 Die neueren Office-Programme haben mittlerweile die Schriftarten Calibri bzw. Cambria als Standardschriften voreingestellt. Sie können auch verwendet werden.

54 Dabei bitte unbedingt auf Einheitlichkeit achten.

striche zu setzen. Das Titelblatt und das Inhaltsverzeichnis werden nicht nummeriert, aber sie können bei der Seitennummerierung mitgezählt werden. Sie zählen jedoch genauso wenig wie das Literaturverzeichnis und die Fußnoten mit bei der mindestens zu erreichenden Textlänge.

- **Format:** Die Arbeit muss im DIN-A4-Format abgegeben werden. Die Blätter werden nur einseitig beschrieben und sollten auf keinen Fall getackert oder einzeln in Klarsichthüllen gesteckt sein! Die Arbeit wird in einer Klemmmappe, einem Schnellhefter o.ä. eingereicht
- **Gesamtanlage:**
  1. Titelblatt
  2. Inhaltsverzeichnis (mit Angabe der Seitenzahlen)
  3. Gegliederter Text mit Zitatnachweisen
  4. Abkürzungsverzeichnis (falls nötig)
  5. Literaturverzeichnis (mit eigenem Gliederungspunkt und Seitenzahl, die jeweils im Inhaltsverzeichnis zu vermerken sind)
  6. Abbildungsverzeichnis (falls nötig)
  7. Eigenständigkeitserklärung
  8. Anhang

5.1.6 Checkliste

Das Äußere

– Haben Sie eine Klemmmappe bzw. einen Schnellhefter zum Zusammenhalten der Blätter verwendet?	☐
– Haben Sie auf zusätzliche Büroklammern, Prospekthüllen usw. verzichtet?	☐
– Ist die Mappe/der Hefter sauber und unbeschädigt?	☐
– Ist das Preisschild entfernt?	☐
– Sind die Blätter in der richtigen Reihenfolge in die Mappe/den Hefter einsortiert?	☐
– Haben Sie für den Ausdruck weißes 80g-Papier im DIN-A4-Format benutzt?	☐
– Sind die Blätter nur einseitig bedruckt?	☐
– Haben Sie durchgehend schwarze Tinte verwendet (Ausnahmen sind bei Diagrammen u.ä. möglich)?	☐
– Ist das Druckbild gut leserlich?	☐
– Sind Schlieren, unerwünschte Streifen u.ä. entfernt?	☐
– Haben Sie auf jegliche Eintragungen per Hand oder sonstige Korrekturen verzichtet?	☐

Allgemeine Vorgaben

- Sind die Seiten einheitlich nach den Vorgaben eingerichtet? ☐
- Haben Sie Times New Roman in Schriftgröße 12 bzw. Arial in Schriftgröße 11 verwendet (Ausnahme: Titelblatt, Fußnoten und lange Zitate)? ☐
- Steht der Text im Blocksatz (Ausnahme: Titelblatt)? ☐
- Haben Sie 1,5-fachen Zeilenabstand verwendet? ☐
- Tragen alle Seiten bis auf diejenigen des Titelblatts und des Inhaltsverzeichnisses eine Seitenzahl? ☐
- Sind die Seitenzahlen automatisch eingefügt? ☐
- Haben Sie umrahmende Striche bei Seitenzahlen in der Seitenmitte eingefügt? ☐
- Haben Sie für Titelblatt, Inhaltsverzeichnis, Einleitung und Literaturverzeichnis (nach Belieben auch für 1. Kapitel und Fazit) jeweils eine neue Seite begonnen, die übrigen Kapitel jedoch direkt aneinander angeschlossen, solange mindestens die Überschrift und zwei Zeilen des Textes noch auf die Seite passen? ☐

Das Titelblatt

- Trägt das Titelblatt keine Seitenzahl? ☐
- Ist der Text zentriert (kreative Abänderungen möglich)? ☐
- Ist der Titel der Arbeit durch Fettdruck/größere Schriftart/Unterstreichung angemessen hervorgehoben? ☐
- Trifft der Titel den Inhalt der Arbeit? ☐
- Ist der Titel der Arbeit konkret und aussagekräftig genug? ☐
- Haben Sie alle nötigen Angaben über Veranstaltung und Verfasser an den vorgegebenen Stellen angeführt? ☐
- Haben Sie alle DozentInnen mit Titeln und in der entsprechenden Rangfolge angegeben? ☐
- Haben Sie ‚Katholisch' groß geschrieben? ☐
- Ist die richtige Veranstaltungsart angegeben? ☐
- Haben Sie den Hyperlink bei der Angabe Ihrer E-Mail-Adresse entfernt? ☐

Das Inhaltsverzeichnis

- Haben Sie auf eine Seitenzahl verzichtet? ☐
- Haben Sie sich überlegt, ob Sie das Inhaltsverzeichnis automatisch einfügen? ☐
- Haben Sie eine geläufige Nummerierung für die Gliederung (s. Duden) verwendet? ☐
- Sind die Punkte hinter und zwischen den Gliederungsebenen richtig eingefügt (also beispielsweise 1. statt 1 aber 1.2 statt 1.2.)? ☐

- Sind Unterkapitel vorhanden? ☐
- Sind die Unterkapitel eingerückt? ☐
- Haben Sie Unterkapitel nur dann eingeführt, wenn Sie mindestens zwischen zwei Punkten differenzieren können (also z.B. nur 1.1, wenn es auch 1.2 gibt)? ☐
- Ist ein angemessener Abstand zwischen den einzelnen Kapitelangaben eingefügt? ☐
- Stimmen die Überschriften des Inhaltsverzeichnisses mit denjenigen im Fließtext im Wortlaut und Schriftbild überein? ☐
- Haben Sie sich überlegt, ob Sie Füllzeichen (...) einfügen möchten? ☐
- Sind die hinter den Überschriften angegebenen Seitenzahlen abgestimmt auf die Seiten, auf denen die zugehörigen Überschriften stehen? ☐
- Haben Sie darauf geachtet, nicht ‚Seite' über die Seitenangaben zu schreiben? ☐
- Haben Sie auf die Zusatzangabe ‚S.' vor der Seitenzahl verzichtet? ☐
- Sind die Seitenzahlen mittels Tabstopp ausgerichtet? ☐
- Haben Sie darauf verzichtet, hier den Titel der Arbeit oder das Inhaltsverzeichnis selbst in die Gliederung zu integrieren? ☐
- Haben Sie auch an das Literaturverzeichnis einen Gliederungspunkt vergeben? ☐

Der Fließtext

- Haben Sie den Text ohne fremde Hilfe geschrieben? ☐
- Sind alle Quellen an jeder Stelle offengelegt? ☐
- Stellen Sie eine konkrete Fragestellung in den Mittelpunkt, die Sie in der Einleitung vorstellen, im Hauptteil bearbeiten und im Fazit (versuchen zu) beantworten? ☐
- Ist der Text nachvollziehbar und logisch strukturiert? ☐
- Haben Sie Gedankensprünge vermieden? ☐
- Ist Ihre Argumentation überzeugend und durch Quellen untermauert? ☐
- Sind die Formulierungen eigenständig und frei (d.h. nicht nur Paraphrasierungen der Quellentexte oder sogar nur Satzumstellungen mit Austausch von sinnähnlichen Wörtern)? ☐
- Haben Sie Ihren Argumentationsaufbau am Thema orientiert und nicht nur Zusammenfassungen von Texten aneinandergereiht? ☐
- Wird die Grobstruktur der Arbeit an den Überschriften deutlich? ☐
- Haben Sie Wert auf eine treffende und eigenständige Formulierung der Überschriften gelegt? ☐
- Sind die Überschriften in Blocksatz gesetzt? ☐
- Sind die Überschriften abgesetzt und hervorgehoben? ☐
- Haben Sie bei sämtlichen Überschriften auf einen folgenden Doppelpunkt verzichtet? ☐
- Haben Sie Zeilenumbrüche und Leerzeilen sparsam und sinnvoll eingesetzt? ☐

- Sind alle Komma- und Rechtschreibfehler korrigiert? ☐
- Haben Sie auf die richtige Verwendung von Leerzeichen geachtet? ☐
- Haben Sie Ausdrucksfehler vermieden? ☐
- Formulieren Sie immer in ganzen Sätzen? ☐
- Haben Sie darauf geachtet, keine Umgangssprache zu verwenden? ☐
- Sind Fachwörter erläutert? ☐

Die Einleitung

- Haben Sie eine ansprechende und interessante Einführung in das Thema gefunden? ☐
- Konnte das Thema mit aktuellen Problemen in Verbindung gesetzt werden? ☐
- Haben Sie in der Einleitung ausführlich in Thematik, Methodik und Gliederung der Arbeit eingeführt? ☐
- Haben Sie eine konkrete Fragestellung für die gesamte Arbeit herausgearbeitet? ☐
- Haben Sie die Wahl des Themas begründet? ☐
- Ist das Thema in einen größeren Kontext eingeordnet? ☐
- Haben Sie auf selbstreferentielle Angaben verzichtet (Bsp.: Expliziter Bezug auf das Seminar, das gehaltene Referat, Freizeitbeschäftigungen etc.)? ☐
- Haben Sie durchgehend themenbezogen gearbeitet? ☐

Zitate

- Haben Sie durch Zitate die Übernahme aller fremden Gedanken offengelegt? ☐
- Haben Sie generell versucht, das Gelesene mit eigenen Worten wiederzugeben? ☐
- Sind Sie sparsam mit wörtlichen Zitaten umgegangen? ☐
- Sind wörtliche Zitate streng im Originalwortlaut und in der Originalschreibweise übernommen (inkl. Fett- und Kursivdruck, Unterstreichungen etc.)? ☐
- Haben Sie wörtliche Zitate nicht sinnverfälschend eingebracht? ☐
- Haben Sie bei Auslassungen innerhalb eines wörtlichen Zitats Auslassungszeichen eingefügt? ☐
- Haben Sie am Anfang oder Ende eines wörtlichen Zitats auf Auslassungszeichen verzichtet? ☐
- Sind bei wörtlichen Zitaten nur solche Einfügungen vorgenommen worden, die den Sinn des Zitats nicht verändern? ☐
- Haben Sie diese Einschübe durch [Einschub; Vf.] deutlich gemacht? ☐
- Haben Sie darauf geachtet, dass ein Punkt aus dem Original noch innerhalb des Zitats stehen muss? ☐

- Haben Sie längere Zitate engzeilig, in Schriftgröße 9 (bei Arial) bzw. 10 (bei Times New Roman) und eingerückt geschrieben? ☐
- Stehen die Angaben zu den Bibelstellen in Klammern hinter dem Zitat im Fließtext? ☐
- Haben Sie die Fußnoten automatisch eingefügt? ☐
- Haben Sie die Fußnoten an der richtigen Stelle eingefügt? ☐
- Haben Sie die hochgestellte Zahl ohne vorangehendes Leerzeichen eingefügt? ☐
- Haben Sie für den Fußnotentext Schriftgröße 10 (Times New Roman) bzw. 9 (Arial) verwendet? ☐
- Sind auch die Fußnoten in Blocksatz gesetzt? ☐
- Haben Sie die Fußnoten engzeilig geschrieben? ☐
- Haben Sie bei der ersten Nennung eines Werkes die komplette Literaturangabe in die Fußnote aufgenommen, dabei aber zuerst den Vor- und dann den Nachnamen des Autors genannt? ☐
- Haben Sie für folgende Literaturangaben das Schema ‚NACHNAME, (Kurz-)Titel. Seitenzahl.' strikt eingehalten? ☐
- Haben Sie indirekte von direkten Zitaten durch ‚Vgl.' unterschieden? ☐
- Haben Sie auf die Angabe ‚S.' verzichtet? ☐
- Haben Sie auf die ungenaue Angabe ‚ff.' verzichtet und stattdessen den genauen Umfang angegeben? ☐
- Haben Sie die Wendung ‚f.' für zwei aufeinanderfolgende Seiten verwendet? ☐
- Schließt jede Fußnote mit einem Punkt? ☐

Das Literaturverzeichnis

- Haben Sie auch für das Literaturverzeichnis eine Gliederungsnummer vergeben? ☐
- Ist das Abkürzungsverzeichnis erwähnt, falls Sie Abkürzungen benutzen? ☐
- Sind die Nachnamen vor den Vornamen angegeben? ☐
- Sind die Literaturangaben alphabetisch geordnet? ☐
- Haben Sie bei mehreren Titeln desselben Verfassers/derselben VerfasserIn ab dem 2. Titel ‚Ders.' (Derselbe) oder ‚Dies.' (Dieselbe/-n) statt der Namen verwendet? ☐
- Haben Sie die einzelnen Angaben ein wenig voneinander abgesetzt? ☐
- Ist das Literaturverzeichnis ansprechend gelayoutet (z.B. durch Einzug etc.)? ☐
- Haben Sie ausschließlich Fachliteratur herangezogen? ☐
- Ist die geforderte Mindestanzahl der Literaturangaben erreicht? ☐
- Sind im Literaturverzeichnis Bücher und Artikel als Ganze angegeben? ☐
- Haben Sie auf die Konventionen des Zitierens im Literaturverzeichnis geachtet? ☐

– Haben Sie die Bibel in der entsprechenden Übersetzung aufgenommen?	☐
– Sind Internetadressen korrekt angegeben?	☐
– Haben Sie nur seriöse Internetadressen verwendet?	☐
– Haben Sie auf eine Nummerierung der Literaturangaben verzichtet?	☐
– Ist jede Literaturangabe angeführt, die im Text zitiert wurde?	☐
– Haben Sie darauf verzichtet, Literatur anzugeben, die Sie im Text nicht zitiert haben?	☐

Anhänge

– Haben Sie eine Erklärung über die Eigenständigkeit der Arbeit, Anhänge etc. korrekt angefügt?	☐

– HABEN SIE ALLES MINDESTENS EINMAL GRÜNDLICH KORREKTUR GELESEN?	☐

Können Sie alle Fragen mit Ja beantworten und abhaken, ist davon auszugehen, dass Sie hinsichtlich des wissenschaftlichen Arbeitens eine hervorragende Arbeit angefertigt haben!

5.2 Andere Formen schriftlicher Arbeiten

Neben der Haus- oder Seminararbeit, die zumeist als Prüfungsleistung dient, gibt es weitere Formen schriftlicher Arbeiten, die der Vor- oder Nachbereitung einer Seminarsitzung (Responsepaper, Protokoll) oder zur abschließenden Reflexion eines Seminars (Essay) dienen. Bei allen Formen gelten die auch für eine Hausarbeit maßgeblichen Formalien (vgl. Kap. 5.1.4).

5.2.1 Das Responsepaper

Zur Vorbereitung einzelner Seminarsitzungen und deren Textgrundlage können Responsepaper eingesetzt werden. Das Responsepaper ist eine kommentierende, einordnende Kurzzusammenfassung eines wissenschaftlichen Aufsatzes und dient der tieferen Auseinandersetzung mit dem Text und der Strukturierung der eigenen Gedanken. Dazu werden die Thesen und Argumentationen des zugrundeliegenden Aufsatzes schlüssig dargestellt und kritisch analysiert, indem entweder unterstützende oder widerlegende Argumente hinzugezogen werden. Es geht also nicht darum, detailliert den vorliegenden Text nachzuerzählen, sondern sich auf die wichtigsten Aspekte zu konzentrieren und diese präzise darzustellen. Die Grundlage zur Erstellung eines Responsepapers ist die ausführliche Erarbeitung des zu bearbeitenden Aufsatzes (vgl. Kap. 2.2). Sodann können folgende Leitfragen zur Lektüre hinzugezogen werden:

- Was ist die Hauptthese, das Hauptargument des Textes?
- Wie ist der Text, die Argumentation aufgebaut?
- Ist die Argumentation schlüssig? Gibt es Widersprüche in der Argumentationsstruktur? Gibt es Gegenargumente zur vorgestellten These?

Das Responsepaper startet mit einer thematischen Einordnung und einer knappen Zusammenfassung des Ausgangstextes und bezieht dann kritisch Stellung zur vorgestellten Position. Dabei ist darauf zu achten, dass es hier nicht um die bloße Bekanntmachung der eigenen Meinung geht, sondern um deren schlüssige Begründung und um eine kritische Auseinandersetzung mit dem Thema. Dazu sollten nachvollziehbare Argumente hinzugezogen werden. Den Schluss bilden eine kurze Zusammenfassung und ein Fazit.

5.2.2 Das Protokoll

Im Unterschied zum Responsepaper soll das Protokoll nicht der Vor-, sondern der Nachbereitung einer Seminarsitzung dienen, indem die wesentlichen Diskussionsinhalte und Arbeitsergebnisse für die weitere Bearbeitung festgehalten werden, und zwar so, dass auch die in der betreffenden Sitzung Abwesenden das Wesentliche über den besprochenen Gegenstand und den erreichten Kenntnisstand erfassen können. Dazu wird nicht der komplette Seminarverlauf wiedergegeben, vielmehr steht im Mittelpunkt die Frage, welche Ergebnisse und Erkenntnisse für den Fortgang des Seminars wichtig sind. Relevante inhaltliche Arbeitsschritte, Äußerungen oder offengebliebene Fragen müssen in das Protokoll aufgenommen werden. Dabei ist von Bedeutung, das Wichtige vom Unwichtigen zu unterscheiden und Diskussionen so zusammenzufassen, dass der Kernaspekt deutlich wird. Das Protokoll soll schließlich dem Leser bzw. der Leserin dazu dienen, sich über alles Relevante der vergangenen Sitzung zu informieren und es kurz und präzise vorliegen zu haben.

Das Protokoll einer Seminarsitzung hat sowohl Elemente des Ergebnisprotokolls als auch des Verlaufsprotokolls. Es ist zwar nicht wichtig, jeden einzelnen Punkt im Verlaufe des Seminars minutiös wiederzugeben, jedoch sollte der Sitzungsverlauf in seiner logischen oder zeitlichen Strukturierung erkennbar sein. Wichtig sind vor allem die erzielten inhaltlichen Ergebnisse; eingeschlagene Irrwege können verzeichnet, müssen aber als solche transparent gemacht werden. Das Protokoll sollte jede eigene Stellungnahme und Interpretation vermeiden.

Im Kopf eines Protokolls sind die formalen Angaben zum Seminar, der Dozentin und der Protokollantin zu machen. Außerdem sind Datum, Zeit, Ort, Tagesordnung und Sitzungsthema anzugeben. Die zu protokollierende Sitzung sollte nach inhaltlichen Aspekten gegliedert werden, nach dieser Gliederung richtet sich dann auch das Protokoll. Die Gliederung sollte durch Überschriften und sinnvolle Absätze erkennbar sein. Am Anfang eines Gliederungspunktes kann eine kurze Zusammenfassung über die behandelten Aspekte gegeben werden. An diese Zusammenfassung schließt sich dann die thematische Auseinandersetzung mit dem Thema an. Am Ende eines Protokolls sollten die für die Sitzung relevanten Literaturangaben aufgeführt oder Hinweise zu verwendeten Materialien gegeben werden. Die Protokollantin sollte versuchen, Themen knapp, präzise und objektiv zu beschreiben und dabei lange Satzgefüge zu vermeiden. Kennzeichnend für den Stil des Protokolls sind Sachlichkeit und Kürze. Das Protokoll wird im Präsens verfasst. Außerdem empfiehlt es sich, den Konjunktiv zur Wiedergabe wörtlicher Aussagen nur sparsam zu verwenden. Auch bei Protokollen ist eine wissenschaftliche Ausdrucksweise anzuwenden.

Grundlage für ein Protokoll ist die Mitschrift der Protokollierenden. Hierbei ist zu beachten, dass ein wörtlicher Mitschrieb des Gesagten in der Regel unmöglich und auch nicht sinnvoll ist. Wichtiger ist das stichpunktartige Festhalten der Hauptaussagen.

5.2.3 Der Essay

Auch im wissenschaftlichen Essay steht eine Frage oder eine These im Mittelpunkt. Es geht hier „um den *Versuch*,

- über eine *Frage* interessant nachzudenken und ggf. zu einer vorläufigen Antwort zu kommen,

- ein *Problem* kreativ anzugehen,
- eine Auffassung zu einem *Thema* originell zu entwickeln.“[55]

Der Essay zeichnet sich durch einen besonders einfachen, klaren, flüssigen und ansprechenden Schreibstil aus und sollte interessant formuliert sein. Ein Essay benötigt eine klare, nachvollziehbare, logisch stimmige Argumentationsstruktur und einen roten Faden.

Auch hier gibt es eine Einleitung, einen Hauptteil und einen Schluss. Die Einleitung sollte einen aktuellen Einstieg bieten, der das Interesse des Lesers weckt. Der Hauptteil ist im Gegensatz zur Hausarbeit nicht zu untergliedern. Hier sollte die zentrale Frage möglichst stringent beantwortet werden. Zudem werden beim wissenschaftlichen Essay nur sehr wenige Quellen herangezogen und möglichst auf Zitate oder Paraphrasen verzichtet. Die eigene Meinung ist ausdrücklich erwünscht, sie muss aber begründet dargelegt werden. Der Schluss bietet wiederum eine kurze Zusammenfassung der dargelegten Argumentation.

[55] Rost, Lern- und Arbeitstechniken für das Studium, 228.

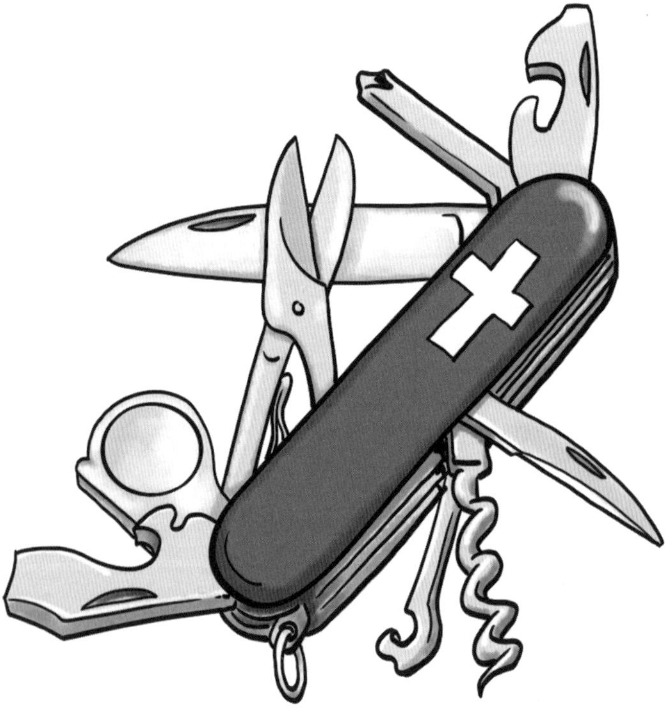

6. Tipps und Tricks

6.1 Allgemeine Studienorganisation

Um erfolgreich durchs Studium zu kommen, ist eine gute **Studienorganisation** unerlässlich. Die effiziente Bewältigung zahlreicher organisatorischer Aufgaben, die neben den Veranstaltungen anstehen, sowie ein individuelles Zeitmanagement – besonders in intensiven Lernphasen – können eingeübt werden. Dazu gibt es eine Reihe von Büchern, die Studierenden bei den Anfangsschwierigkeiten helfen und viele Tipps bereitstellen.

Wir empfehlen die folgende Literatur:

Allgemeine Literatur zum wissenschaftlichen Arbeiten:

FRANCK. NORBERT, Handbuch Wissenschaftliches Schreiben, Eine Anleitung von A bis Z. 2., überarbeitete und aktualisierte Auflage, Paderborn 2022.

ROST, FRIEDRICH, Lern- und Arbeitstechniken für das Studium. 8., vollständig überarb. und aktual. Aufl., Wiesbaden 2018. *(Sehr ausführliche Einführung mit Kapiteln zum Arbeitsplatz, zu Arbeitsmitteln effektiver Zeitplanung etc.)*

STICKEL-WOLF, CHRISTINE/ WOLF, JOACHIM, Wissenschaftliches Arbeiten und Lerntechniken: Erfolgreich studieren – gewusst wie! 10., aktual. und erw. Auflage, Wiesbaden 2022. (*Ebenfalls sehr ausführliche Einführung mit sehr ausführlichem Teil zur Erstellung wissenschaftlicher Arbeiten)*

Spezielle Einführungen in die Theologie:

HILPERT, KONRAD/ LEIMGRUBER, STEPHAN (Hg.), Theologie im Durchblick. Ein Grundkurs, Freiburg i.Br.-Basel-Wien 2008. *(Ausführliche Einleitung in die Disziplinen der Theologie mit einem Kapitel zum wissenschaftlichen Arbeiten)*

KLAUSNITZER, WOLFGANG, Grundkurs Katholische Theologie. Geschichte, Disziplinen, Biographien, Innsbruck 2002. *(Einführung in die theologischen Disziplinen mit ausführlichen Biographien bedeutender Gestalten der Theologiegeschichte)*

KLÖCKENER, MONNICA, Schreiben im Theologiestudium, Opladen-Toronto, 2022.

RAFFELT, ALBERT, Theologie studieren. Wissenschaftliches Arbeiten und Medienkunde, Freiburg i. Br.-Basel-Wien 2003. *(Ausführliche Einleitung in wissenschaftliche Arbeitsweisen der Theologie)*

STUBENRAUCH, BERTRAM, Theologie studieren, Paderborn u.a. 2019.

WOHLMUTH, JOSEF (Hg.), Katholische Theologie heute. Eine Einführung in das Studium. 2., verb. Auflage, Würzburg 1995. *(Klassische Einführung in das Studium der Theologie)*

Spezielle Literatur zum Lesen und Schreiben wissenschaftlicher Texte:

Kornmeier, Martin, Wissenschaftlich Schreiben leicht gemacht für Bachelor, Master und Dissertation. 9., aktual. und erg. Aufl. 2021, Bern 2021. *(Gut aufbereitete und leicht verständliche Einführung in das Schreiben wissenschaftlicher Texte. Anhand eines „Backrezepts“ wird dargelegt, wie das Schreiben einer Arbeit gelingen kann.)*

Kruse, Otto, Lesen und Schreiben. Der richtige Umgang mit Texten im Studium, 3., überarb. u. erw. Aufl., Wien 2018. *(Ausführliche Einführung in Texterarbeitungsstrategien und die Erstellung eigener Texte.)*

Zu einer guten Studienorganisation zählt neben der Organisation der anstehenden Aufgaben auch eine gute **Prüfungsorganisation**. Dazu sollten Sie sich möglichst frühzeitig mit der Studien- und Prüfungsordnung vertraut machen. Wenn einzelne Punkte unklar geblieben sind oder Unsicherheit bei der Auswahl von Veranstaltungen besteht, bieten die Fachberaterinnen Hilfe. Zudem finden sich meist auf den Internetseiten der Fakultät oder des Instituts aktuelle Hinweise zu Prüfungsmodalitäten oder Anmeldefristen. Deshalb sollten Sie sich hier unbedingt regelmäßig informieren. Ein Prüfungsplan kann die Übersicht über anstehende Prüfungen in den verschiedenen Fächern erleichtern. So hat man schnell einen Überblick, welche Prüfungen im jeweiligen Semester anstehen und welcher zeitliche Aufwand bzw. welcher Abgabetermin damit jeweils verbunden ist. So lässt sich auch leichter planen, wann welche Aufgaben zu erledigen sind.

Die Kommunikation mit den Dozenten zwecks Terminabsprachen oder organisatorischer Fragen läuft in der Regel per **E-Mail** ab. Dazu sollten Sie eine nicht zu komplexe, seriöse Mailadresse, vorzugsweise bestehend aus Ihrem Namen, verwenden. E-Mails sollten regelmäßig abgerufen werden. Zudem sollte eine E-Mail einen gewissen Sprachstil aufweisen. Dazu gehört eine Anrede- und eine Grußformel wie „Sehr geehrte Frau Prof. Dr. Mustermann ….. Mit freundlichen Grüßen Hans Meier.“ Zudem sollte auch eine E-Mail Korrektur gelesen werden und keine Rechtschreib- oder Ausdrucksfehler aufweisen. Die E-Mail ersetzt jedoch nicht das persönliche Gespräch zur Absprache von Prüfungs- oder Hausarbeitsthemen etc. Auch bei komplexen Fragestellungen kommt das Medium schnell an seine Grenzen, da oftmals mehrfach Rückfragen nötig sind. Hierfür gibt es die Sprechstunden der jeweiligen Dozentin.

Für die Heimarbeit sollten Sie sich möglichst einen festen **Arbeitsplatz** einrichten, bestehend aus einem Schreibtisch mit passendem, höhenverstellbaren Bürostuhl, einem Regal zur Aufbewahrung von Unterlagen und Grundlagenliteratur und Büromaterialien wie:

- Papier, (College-) Block
- Stifte, Textmarker, Radiergummi, Lineal etc.
- Kalender, Terminplaner
- Heftgerät und Locher, Klebefilm nebst Abroller, Büroklammern,
- Ordnungsmaterialien wie Aktenordner, Klarsichthüllen, Register, Trennstreifen, Schnellhefter, ggf. ein Hängeregistersystem,
- Notizzettel, Post-It-Sticker.

Weiterhin sollten Sie direkt am Arbeitsplatz einen Handapparat mit einem Rechtschreib- und Fremdwörterbuch, einem allgemeinen Lexikon sowie jeweils einem Fachlexikon für Ihre Studienfächer zum schnellen Nachschlagen aufbewahren.[56]

Die **technische Ausstattung des Arbeitsplatzes** umfasst einen Laptop (ggf. mit externem Monitor und Tastatur) bzw. einen Desktop-PC mit einem aktuellen Betriebssystem und Internetzugang.[57] Ein funktionstüchtiger Drucker erspart den Gang in den Copyshop zum Ausdrucken von wichtigen Unterlagen. Multifunktionsgeräte mit Scan- und Kopierfunktion sind für das Studium empfehlenswert. Ein Tablet ggf. mit Eingabestift und Tastatur kann vor allem für die Mitschriften während der Veranstaltungen oder den schnellen Zugang zum Internet und das Abrufen von Mails während des Unialltags nützlich sein, ist jedoch eine kostspielige Anschaffung, die verzichtbar ist. Wichtiger ist ein digitales Sicherungssystem (externe Festplatte, USB-Stick, Cloud-Computing-Systeme) zum Sichern der wichtigen Dokumente wie Hausarbeiten, v.a. aber Bachelor- und Masterarbeiten, die auch während des Schreibprozesses immer doppelt gesichert werden sollten, einmal auf der Festplatte des PCs/Laptops und ein weiteres Mal auf einem externen Medium. Hierzu bieten sich externe Festplatten oder USB-Sticks oder ein Cloud-Speichersystem an. Das Cloud-System bietet den Vorteil, dass man in der Regel von

---

[56] Vgl. zum gesamten Abschnitt, ROST, Lern- und Arbeitstechniken für das Studium, 84-100. Als kurzes theologisches Fachlexikon eignet sich beispielsweise HERBERT VORGRIMLER, Neues Theologisches Wörterbuch. Neuausgabe, Freiburg i.Br.-Basel-Wien 2008.

[57] Da alle schriftlichen Arbeiten während des Studiums maschinenschriftlich abzugeben sind, sollte man zumindest einen Zugang zu einem PC/Laptop haben. Falls Sie sich explizit gegen die Anschaffung eines PCs/Laptops entscheiden, haben Sie in der Universität bzw. in den Universitätsbibliotheken meist PC-Arbeitsplätze, an denen Sie Ihre Arbeiten erstellen können. Hier haben Sie auch einen Internetzugang.

jedem beliebigen PC mit Internetzugang Zugriff auf die Dokumente hat und teilweise auch online an ihnen weiterarbeiten kann, ohne ein entsprechendes Programm auf dem PC zu Verfügung haben zu müssen.[58] So können auch Dokumente für die gemeinsame Bearbeitung in einer Kleingruppe freigegeben werden. Wer eher zu konventionellen Speichersystemen tendiert, der ist sicher mit einer externen Festplatte oder einem USB-Stick gut beraten.

Zu guter Letzt sollten Sie sich schon zu Beginn des Studiums ein geeignetes Textverarbeitungsprogramm zulegen, da dies das zentrale Werkzeug während des gesamten Studiums ist. Zum einen stehen Open-Source-Programme wie Open Office kostenlos zu Verfügung; zum anderen gibt es beispielsweise das Office-Paket von Microsoft, das zwar recht kostspielig ist, jedoch über sehr umfangreiche Funktionen verfügt. Erkundigen Sie sich, ob Ihre Universität günstige Studierenden-Lizenzen anbietet. Wenn Sie keinen sicheren Umgang mit der Textverarbeitungssoftware beherrschen, sollten Sie ggf. einen Lehrgang zur Textverarbeitung besuchen. Diese werden meist mehrmals im Semester angeboten.

6.2 Mitarbeit in Lehrveranstaltungen und Haltung im Studium

Die Mitarbeit in Lehrveranstaltungen fällt automatisch leichter, wenn Sie schon bei der Auswahl der Veranstaltungen Wert darauf legen, Veranstaltungen zu wählen, die Sie interessieren. Dafür sollten Sie die jeweiligen Lehrveranstaltungskommentare lesen. In der ersten Sitzung eines Seminars oder einer Vorlesung wird der Seminarplan vorgestellt und eine inhaltliche Einordnung vorgenommen. Besuchen Sie möglichst viele Veranstaltungen in der ersten Semesterwoche und entscheiden Sie dann, welche Wahlpflichtveranstaltungen Sie im kommenden Semester belegen möchten.

Die BA-Studiengänge sind so konzipiert, dass der Workload, der für eine Lehrveranstaltung erbracht werden muss, sich zum einen aus der Anwesenheit in der Lehrveranstaltung, zum anderen aus der Vor- und Nachbereitung der Veranstaltung als Heimarbeit zusammensetzt. Deshalb sollten Sie nicht zu viele Veranstaltungen pro Se-

[58] So beispielsweise bei dem von Microsoft zu Verfügung gestellten Dienst „OneDrive". Hier hat man die Möglichkeit, im Browser an seinem Word-Dokument weiterzuarbeiten ohne auf dem PC selbst ein Word-Programm haben zu müssen.

mester besuchen, sodass eine gute Seminarvorbereitung auch möglich ist. Vorteilhaft ist es, wenn Sie sich zu Beginn des Semesters einen Stundenplan erstellen, in dem Sie neben den zu besuchenden Veranstaltungen auch Zeitfenster zur Vor- und Nachbereitung der Seminare einplanen.

Zur Vorbereitung einer Seminarsitzung sollten die Notizen/Mitschriften zur vorherigen Sitzung durchgegangen und die Basistexte gründlich erarbeitet werden. Hier reicht nicht einfach ein sichtendes Lesen, die Texte sollten studierend gelesen (vgl. Kap. 2.2) und ggf. Kernthesen herausgeschrieben werden. Zudem kann es auch hilfreich sein, ein Responsepaper zum Text zu erstellen (Vgl. Kap. 5.2.1). Sie sollten sich Gedanken machen, in welchem thematischen Zusammenhang die Seminarsitzung steht. Das ermöglicht Ihnen, den Kontext und die Relevanz des anstehenden Themas im Gesamtzusammenhang des Seminars wahrzunehmen. Wenn Sie so vorbereitet in eine Lehrveranstaltung gehen, wird die Sitzung für Sie automatisch interessanter und die aktive Mitarbeit deutlich erleichtert.

Während der Veranstaltung ist es gut, Mitschriften anzufertigen, die die wesentlichen Punkte der besuchten Sitzung festhalten. Wichtig ist hierbei, dass nicht versucht wird, wortwörtlich mitzuschreiben. Vielmehr sollten Sie dem Seminar/der Vorlesung inhaltlich so folgen, dass Sie nur die wichtigsten Punkte festhalten müssen. Verwenden Sie dazu lose DIN A4-Blätter, die Sie systematisch abheften können. Jede Seite sollte mit einem Kürzel für die Lehrveranstaltung, dem Namen des Dozenten, dem Datum sowie einer Seitenzahl versehen werden. Links und rechts sollte ein ausreichend breiter Rand für spätere Ergänzungen, Literaturhinweise etc. gelassen werden. Schreiben Sie keine vollständigen Sätze, sondern kurze Stichpunkte, die sich aber auch noch nach Jahren problemlos „entschlüsseln“ lassen.

Folgende Punkte sollten Sie festhalten:

- Titel, Zwischenüberschriften, zentrale Themenbereiche, Kernaussagen,
- Grundgedanken und Erläuterungen zu den Hauptpunkten,
- Tafelbilder,
- wichtige Namen, Daten, Zahlen.
- Wenn möglich: Das Gehörte in Schaubildern, Flussdiagrammen oder Schemata festhalten.

Die Lehrveranstaltung sollte abschließend nachbereitet werden, indem Sie nach dem Besuch der Veranstaltung nochmals Ihre Notizen durchschauen und durch Markierungen etc. bearbeiten. Dabei sollten Sie versuchen, bisher offengebliebene Punkte zu klären oder zu notieren, damit sie in der folgenden Seminarsitzung angesprochen werden können.[59]

Gerade in einem Studium der Theologie hat die intensive Vor- und Nachbereitung der Vorlesungen und Seminare auch eine spirituelle Dimension. Vergessen Sie nicht, dass Sie in diesem Studium das Privileg haben, über das letzte Geheimnis aller Wirklichkeit nachzudenken, eben über das, was uns unbedingt angeht, wie der evangelische Theologe Paul Tillich es ausgedrückt hat, über Gott. Die Gottrede ist die ursprünglichste und tiefste Herausforderung nicht nur der menschlichen Vernunft, sondern des menschlichen Daseins überhaupt. Sie dürfen daher erwarten, dass Ihre Kommilitoninnen und Kommilitonen und Ihre Dozentinnen und Dozenten mit Leidenschaft und Ernst bei der Sache sind und sollten auch selbst aus einer Haltung des Konsumierens und Habenwollens herausfinden und stattdessen das Studium als Chance entdecken, eine Haltung des Seins einzuüben, in der Sie mit den Studieninhalten ringen und sie nicht nur intellektuell, sondern auch existenziell durchdringen.[60] Vielleicht kann das Ringen mit theologischen Sachverhalten für Sie ja zu einem Ringen mit Gott werden, dem es eben auch durch die eigene Vernunftanstrengung die Ehre zu geben gilt und der oft erst im Nachhinein, also nach Kampf und Anstrengung erkannt wird.[61]

Wenn Sie ein Seminar oder eine Vorlesung uninteressant, langweilig oder viel zu kompliziert finden, könnte das immer auch daran liegen, dass Sie sich nicht intensiv vorbereitet und hineingedacht haben. Riskieren Sie es ruhig, Ihr Studium ernst zu nehmen und fordern Sie es von Ihrer Dozentin ein, dass auch sie Sie ernst nimmt. Denn nur so können Sie lernen, mit Ihrer Vernunft und Ihrem Sein Zeugnis zu geben von dem Logos Gottes, der in Jesus von Nazareth seine Schwäche und Liebe für den Menschen gezeigt hat.

---

59 Vgl. zum gesamten Abschnitt: Rost, Lern- und Arbeitstechniken für das Studium, 115-129.

60 Vgl. zu einem Studium in der Haltung des Seins Erich Fromm, Haben oder Sein. Die seelischen Grundlagen einer neuen Gesellschaft, München [19]1990, 38f; zum Hören von Vorlesungen als spiritueller Übung vgl. Simone Weil, Zeugnis für das Gute. Spiritualität einer Philosophin. Aus dem Franz. übers. und hg. von Friedhelm Kemp, Zürich-Düsseldorf 1998, 52-63.

61 Vgl. Jakobs Kampf am Jabbok in Gen 32,23-33.

6.3 Literaturablage und -verwaltung

Um die sich schon ab dem ersten Semester ansammelnde Literatur in Form von Kopien oder Dateien zu verwalten, sollte man sich frühzeitig eine Methode der Literaturverwaltung zu Eigen machen, die es ermöglicht, bearbeitete Literatur wiederzufinden, die genauen bibliographischen Angaben festzuhalten und ggf. auch inhaltliche Notizen, Exzerpte und für wichtig erachtete Zitate einzupflegen.

Ein einfaches Ablagesystem bietet ein Aktenordner mit alphabetischer Registratur, in den alle Kopien einer theologischen Disziplin (Biblische Theologie, Historische Theologie, Systematische Theologie, Praktische Theologie) mitsamt Exzerpten bzw. Notizzetteln nach den Nachnamen der Autoren sortiert abgeheftet werden können. Hier sollte besonders darauf geachtet werden, dass die kompletten bibliographischen Angaben sowie ggf. die Angaben zum besuchten Seminar/zur Vorlesung und der jeweiligen Dozentin auf den Kopien vermerkt sind.

Mithilfe eines Literaturverwaltungssystems, entweder als PC-Programm oder als Kartei, hat man die Möglichkeit die vorhandenen Lieraturbestände zu verwalten und zu durchsuchen.

Literaturverwaltungsprogramme wie citavi, EndNote (beide kostenpflichtig, teilweise über Campuslizenzen aber kostenfrei zugänglich) oder Zotero (kostenfrei) ermöglichen es einerseits alle relevanten bibliographischen Angaben der vorhandenen und abgelegten Literatur zu sammeln und einzupflegen, andererseits die Literatur zu verwalten. So kann die eingepflegte Literatur beispielsweise nach Autoren oder Schlagworten durchsucht werden, die einzelnen Titel können kommentiert oder mit Aufgaben versehen werden. Teilweise bieten die Programme auch gute Möglichkeiten, inhaltliche Notizen wie Exzerpte, Zitate etc. einzupflegen und Ideen und Notizen zu verknüpfen (wie beispielsweise bei citavi).

Neben den Literaturverwaltungsprogrammen können auch einfache *Karteikartensysteme* die Literaturverwaltung übernehmen. Hierzu werden auf der Vorderseite einer Karteikarte alle relevanten bibliographischen Hinweise sowie Standorte, auf der Rückseite inhaltliche Notizen und Kommentare notiert. Die Karteikarten können je nach Wunsch thematisch oder alphabetisch geordnet werden. Der Nachteil einer solchen Kartei liegt jedoch darin, dass sie nur mühsam nach Schlagworten o.ä. durchsucht werden kann.

Egal für welche Variante man sich entscheidet, man sollte vor allem darauf achten, kontinuierlich bearbeitete Literatur aufzunehmen, einzupflegen bzw. abzuheften. Das Nachtragen und Sortieren von Literatur, die sich ggf. über einen längeren Zeitraum angesammelt hat, ist sehr zeit- und arbeitsaufwendig und vor allem in Prüfungszeiten nur schwer realisierbar.

Es empfiehlt sich, immer wieder zu theologischen Themen Bücher zu lesen, die einen wirklich interessieren und die einen in den eigenen Fragen weiterbringen. Es lohnt sich, tief in die Gedanken der großen Theologen und Theologinnen der Geschichte einzutauchen und diese innerlich zu verstehen. Zugleich ist es wichtig, einen gewissen Überblick über die Vielfalt der verschiedenen theologischen Themengebiete zu erreichen, so dass es immer wieder ratsam ist, auch über die konkreten alltäglichen Erfordernisse des Studiums hinaus, theologische Bücher zu lesen und Wissenslücken zu schließen. Zu diesem Zweck finden Sie im Folgenden eine Reihe von Literaturempfehlungen, die im Selbststudium der verschiedenen Disziplinen der Theologie hilfreich sein bzw. die als Nachschlagewerke dienen können.

6.4 Grundlagenliteratur

6.4.1 Allgemeine Lexika

Betz, Hans D. u.a. (Hg.), Religion in Geschichte und Gegenwart. Handwörterbuch für Theologie und Religionswissenschaft (8 Bde.). 4., vollständig neubearb. Aufl., Tübingen 1998-2007.

Kasper, Walter u.a. (Hg.), Lexikon für Theologie und Kirche (11 Bde.). 3. Aufl., Freiburg i.Br.-Basel-Wien 1993-2001.

Ders., Lexikon für Theologie und Kirche, Abkürzungsverzeichnis. 3. Aufl., Freiburg i.Br.-Basel-Wien 2001.

Müller, Gerhard u.a. (Hg.), Theologische Realenzyklopädie (36 Bde.), Berlin/New York 1977-2004.

Vorgrimler, Herbert, Neues Theologisches Wörterbuch. Neuausgabe, Freiburg i.Br.-Basel-Wien 2008.

6.4.2 Biblische Theologie

6.4.2.1 Textausgaben

Altes Testament

Hebräisch:

Biblia Hebraica Stuttgartensia (BHS). Hrsg. v. Karl Elliger und Wilhelm Rudolph, Stuttgart [5]1997.

Biblia Hebraica Quinta (BHQ). Hrsg. v. ADRIAN SCHENKER u.a., Stuttgart 2004.

Griechisch:

Septuaginta. Id est Vetus Testamentum graece iuxta LXX interpretes. Editio altera. Hrsg. v. ALFRED RAHLFS und ROBERT HANHART, Stuttgart 2006.

Lateinisch:

Biblia Sacra Iuxta Vulgatam Versionem. Hrsg. v. ROBERT WEBER, Stuttgart ^{4}1994.

Neues Testament

Novum Testamentum Graece (Nestle-Aland). Hrsg. v. BARBARA ALAND u.a. 28., revidierte Auflage, Stuttgart 2012.

Deutsche Übersetzungen

Bibel in gerechter Sprache, Gütersloh 2006.
Die Bibel. Einheitsübersetzung. Altes und Neues Testament, Stuttgart 1980.
Die Bibel. Einheitsübersetzung, Stuttgart 2016.
Elberfelder Bibel, Wuppertal-Dillenburg 2006.
Münchener Neues Testament. Studienübersetzung, München ^{12}2020.
Septuaginta Deutsch. Das griechische Alte Testament in deutscher Übersetzung. Hrsg. v. MARTIN KARRER und WOLFGANG KRAUS, Stuttgart ^{2}2009.
Züricher Bibel, Zürich ^{3}2009.

6.4.2.2 Lexika

BALZ, HORST u.a. (Hg.), Exegetisches Wörterbuch zum Neuen Testament. 3., durchgesehene Auflage, Stuttgart 2011. [Abk.: EWNT]
BERLEJUNG, ANGELIKA/ FREVEL, CHRISTIAN (Hg.), Handbuch theologischer Grundbegriffe zum Alten und Neuen Testament, Darmstadt ^{5}2016. [Abk.: HGANT]
BETZ, OTTO (Hg.), Calwer Bibellexikon, Stuttgart ^{2}2006.
COENEN, LOTHAR/ HAACKER, KLAUS (Hg.), Theologisches Begriffslexikon zum Neuen Testament, Wuppertal 2005. [Abk.: TBLNT]
FABRY, HEINZ-JOSEF (Hg.), Theologisches Wörterbuch zum Alten Testament, Stuttgart 1978-2000. [Abk.: ThWAT]
FUREY, CONSTANCE M. u.a. (Hg.), Encyclopedia of the Bible and Its Reception (EBR), Berlin 2009-.
FIEGER, MICHAEL/KRISPENZ, JUTTA/LANCKAU, JÖRG (Hg.), Wörterbuch alttestamentlicher Motive (WAM), Darmstadt 2013.
GÖRG, MANFRED/ LANG, BERNHARD (Hg.), Neues Bibel-Lexikon, Zürich 1991-2001. [Abk.: NBL]
JENNI, ERNST (Hg.), Theologisches Handwörterbuch zum Alten Testament, München ^{6}2004. [Abk.: THAT]

WISCHMEYER, ODA, Lexikon der Bibelhermeneutik. Begriffe – Methoden – Theorien – Konzepte, Berlin 2012.

Das wissenschaftliche Bibellexikon im Internet (WiBiLex): http://www.bibelwissenschaft.de/wibilex/; 2014.

6.4.2.3 Hinführungen

DOHMEN, CHRISTOPH/ OEMING, MANFRED, Biblischer Kanon, warum und wozu? Eine Kanontheologie (QD 137), Freiburg i.Br.-Basel-Wien 1992.

DOHMEN, CHRISTOPH/ HIEKE, THOMAS, Das Buch der Bücher. Die Bibel – Eine Einführung, Kevelaer ³2010.

GRILLMAYR-BUCHER, SUSANNE u.a. (Hg.), Bibel verstehen. Schrift und Schriftverständnis (Theologische Module 4), Freiburg i.Br.-Basel-Wien 2008.

NICKLAS, TOBIAS, Wer war Jesus von Nazareth? Jesus im Spiegel der Evangelien. In: DERS. u.a. (Hg.), Jesus begegnen. Zugänge zur Christologie (Theologische Module 3), Freiburg i.Br.-Basel-Wien 2009, 7-78.

NIEBUHR, KARL-WILHELM, Grundinformation Neues Testament. Eine bibelkundlich-theologische Einführung. 5., durchgehend überarbeitete und aktualisierte Auflage, Göttingen 2020.

6.4.2.4 Einleitungen in das Alte und in das Neue Testament

Altes Testament

CARR, DAVID M., Einführung in das Alte Testament. Biblische Texte – imperiale Kontexte, Stuttgart 2013.

GERTZ, JAN CHRISTIAN (Hg.),Grundinformation Altes Testament. 6., überarbeitete Auflage, Göttingen 2019.

LANG, BERNHARD, Die Bibel, Frankfurt a.M. 2004.

LEINHÄUPL, ANDREAS (Hg.), Jetzt verstehe ich die Bibel, Stuttgart 2010.

OEMING, MANFRED, Bibelkunde Altes Testament. Ein Arbeitsbuch zur Information, Repetition und Präparation (NSK.AT 32), Stuttgart 1995.

RÖSEL, MARTIN, Bibelkunde Altes Testament. Die kanonischen und apokryphen Schriften. 11., durchgesehene Auflage, Göttingen 2011.

SCHMID, KONRAD, Literaturgeschichte des Alten Testaments. Eine Einführung. 3., überarbeite und erweiterte Auflage, Darmstadt 2021.

SCHMITT, HANS-CHRISTOPH, Arbeitsbuch zum Alten Testament. Grundzüge der Geschichte Israels und der alttestamentlichen Schriften, Göttingen ³2011.

SCHOTTROFF, LUISE (Hg.), Kompendium feministische Bibelauslegung, Gütersloh 2007.

STAUBLI, THOMAS, Begleiter durch das Erste Testament, Düsseldorf ⁵2014.

STEINS, GEORG/ZENGER, ERICH, Einleitung in das Alte Testament. 9., aktualisierte Auflage, Stuttgart 2016.

Neues Testament

BROER, INGO/ WEIDEMANN, HANS-ULRICH, Einleitung in das Neue Testament. 9., aktualisierte Auflage, Stuttgart 2016.

CONZELMANN, HANS/ LINDEMANN, ANDREAS, Arbeitsbuch zum Neuen Testament, Tübingen [14]2004.

EBNER, MARTIN/ SCHREIBER, STEFAN (Hg.), Einleitung in das Neue Testament (Studienbücher Theologie 6). 3., überarbeitete Auflage, Stuttgart 2020.

SCHNELLE, UDO, Einleitung in das Neue Testament. 9., durchgesehene Auflage, Stuttgart 2017.

SCHREIBER, STEFAN, Begleiter durch das Neue Testament, Düsseldorf 2006.

6.4.2.5 Zeit- und Religionsgeschichte des Alten und Neuen Testaments

Zeitgeschichte

Altes Testament:

DIETRICH, WALTER/ STEGEMANN WOLFGANG (Hg.), Biblische Enzyklopädie (12 Bde., davon sind bislang 8 Bde. erschienen; Bd. 1-9 zum Alten Testament, wobei Bd. 4 und 6 noch ausstehen), Stuttgart 1996-2009.

DONNER, HERBERT, Geschichte des Volkes Israel und seiner Nachbarn in Grundzügen (ATD-Ergänzungsreihe 4.1 und 4.2). 4., unveränderte Aufl., Göttingen 2007-2008.

KINET, DIRK, Geschichte Israels, Würzburg 2001.

SCHMITT, HANS-CHRISTOPH, Arbeitsbuch zum Alten Testament. Grundzüge der Geschichte Israels und der alttestamentlichen Schriften, Göttingen [3]2011.

SCHMITZ, BARBARA, Geschichte Israels. 3., aktualisierte Auflage, Paderborn 2022.

Zwischentestamentliche Zeit und Frühjudentum:

KOLLMANN, BERND, Einführung in die neutestamentliche Zeitgeschichte. 3., erweiterte Auflage, Darmstadt 2014.

MAIER, JOHANN, Zwischen den Testamenten. Geschichte und Religion in der Zeit des Zweiten Tempels (NEB Ergänzungsband 3), Würzburg 1990.

SASSE, MARKUS, Geschichte Israels in der Zeit des Zweiten Tempels, Neukirchen-Vluyn [2]2009.

Neues Testament und frühe Kirche:

KOLLMANN, BERND, Einführung in die Neutestamentliche Zeitgeschichte. 3., erweiterte Auflage, Darmstadt 2014.

LOHSE, EDUARD, Das Urchristentum. Ein Rückblick auf die Anfänge, Göttingen 2008.

SCHENKE, LUDGER, Die Urgemeinde. Geschichtliche und theologische Entwicklung, Stuttgart 1990.

STEMBERGER, GÜNTER, Pharisäer, Sadduzäer, Essener. Fragen, Fakten, Hintergründe, Stuttgart 2013.

VOUGA, FRANCOIS, Geschichte des frühen Christentums, Tübingen-Basel 1994.

Religionsgeschichte

Altes Testament:

ALBERTZ, RAINER, Religionsgeschichte Israels in alttestamentlicher Zeit. 2 Bde. (ATD Erg. 8/1+2), Göttingen 1996-1997.

HUTTER, MANFRED, Religionen in der Umwelt des Alten Testaments I. Babylonier, Syrer, Perser, Stuttgart 1996.

LANG, BERNHARD, Jahwe der biblische Gott. Ein Porträt, München 2002.

KNAUF, ERNST-AXEL, Die Umwelt des Alten Testaments, Stuttgart 1994.

NIEHR, HERBERT, Religionen in Israels Umwelt (NEB Erg. AT 5), Würzburg 1998.

Neues Testament:

FRANKEMÖLLE, HUBERT, Frühjudentum und Urchristentum. Vorgeschichte – Verlauf – Auswirkungen (4.Jh. v. Chr. bis 4.Jh. n. Chr.), Stuttgart 2006.

KLAUCK, HANS-JOSEF, Die religiöse Umwelt des Urchristentums. 2 Bde. (Studienbücher Theologie 9), Stuttgart 1995-1996.

6.4.2.6 Außerbiblische Literatur

CEMING, KATHARAINA/ WERLITZ, JÜRGEN, Die Verbotenen Evangelien. Apokryphe Schriften, Wiesbaden 2004.

KLAUCK, HANS-JOSEF, Apokryphe Apostelakten. Eine Einführung, Stuttgart 2005.

DERS., Apokryphe Evangelien. Eine Einführung, Stuttgart 2002.

MAIER, JOHANN, Die Qumran-Essener: Die Texte vom Toten Meer. Band 1-3, München u.a. 1995-1996.

MARKSCHIES, CHRISTOPH/ SCHRÖTER, JENS, Antike christliche Apokryphen in deutscher Übersetzung. 1. Band in zwei Teilbänden: Evangelien und Verwandtes. 7. Auflage der von Edgar Hennecke begründeten und von Wilhelm Schneemelcher fortgeführten Sammlung der neutestamentlichen Apokryphen, Tübingen 2011.

6.4.2.7 Biblische Theologie: Altes Testament

CHILDS, BREVARD S., Die Theologie der einen Bibel, Freiburg i.Br.-Basel-Wien 1994.

DEISSLER, ALFONS, Die Grundbotschaft des Alten Testaments – Ein theologischer Durchblick, Freiburg i.Br.-Basel-Wien 2006.
FELDMEIER, REINHARD/ SPIECKERMANN, HERMANN, Der Gott der Lebendigen. Eine biblische Gotteslehre, Tübingen 2011.
GERSTENBERGER, ERHARD, Theologien im Alten Testament, Stuttgart 2001.
GERTZ, JAN-CHRISTIAN, Grundfragen einer Theologie des Alten Testaments. In: DERS. (Hg.), Grundinformation Altes Testament, Stuttgart ^{4}2010, 588-604.
KAISER, OTTO, Der Gott des Alten Testaments. Theologie des Alten Testaments: Teil 1: Grundlegung, Teil 2: Wesen und Wirken – Jahwe, der Gott Israels, Schöpfer der Welt und des Menschen, Teil 3: Jahwes Gerechtigkeit, Göttingen 1993/1995/2003.
PREUSS, HORST D., Theologie des Alten Testaments, Stuttgart 1991/1992.
RENDTORFF, ROLF, Theologie des Alten Testaments. Ein kanonischer Entwurf, Neukirchen-Vluyn 1999/2001.
SCHREINER, JOSEF, Theologie des Alten Testaments (NEB Erg. 1), Würzburg 1995.
SCHMID, KONRAD, Theologie des Alten Testaments, Tübingen 2019.
RAD, GERHAD VON, Theologie des Alten Testaments, Gütersloh 1992/1993.
WESTERMANN, CLAUS, Theologie des Alten Testaments in Grundzügen, Göttingen 1985.
ZIMMERLI, WALTER, Grundriss der alttestamentlichen Theologie, Stuttgart 1999.

6.4.2.8 Themen biblische Theologie: Neues Testament

Jesus

EBNER, MARTIN, Jesus von Nazaret. Was wir von ihm wissen können, Stuttgart 2022.
SCHENKE, LUDGER (Hg.), Jesus von Nazaret – Spuren und Konturen, Stuttgart 2004.
STEGEMANN, WOLFGANG, Jesus und seine Zeit (Biblische Enzyklopädie 10), Stuttgart 2009.
STROTMANN, ANGELIKA, Der historische Jesus: eine Einführung. 3., ergänzte und aktualisierte Auflage, Paderborn 2019.
THEISSEN, GERD/ MERZ, ANNETTE, Der historische Jesus. Ein Lehrbuch, Göttingen ^{4}2011.

Paulus

HAACKER, KLAUS, Paulus. Wie er wurde, was er war, Stuttgart 2008.
HOPPE, PAULUS/KÖHLER, KRISTELL, Das Paulusbild der Apostelgeschichte, Stuttgart 2009.
REINMUTH, ECKART, Paulus. Gott neu denken (Biblische Gestalten Bd. 9), Leipzig 2004.
SCHNELLE, UDO, Paulus. Leben und Denken, Berlin 2006.

WICK, PETER/ MASCHMEIER, JENS-CHRISTIAN, Paulus, Göttingen 2006.
WISCHMEYER, ODA (Hg.), Paulus. Leben – Umwelt – Werk – Briefe. 3., aktualisierte und erweiterte Auflage, Tübingen 2021.
WOLTER, MICHAEL, Paulus. Ein Grundriss seiner Theologie. 3., überarbeitete Auflage, Göttingen 2021.

Wunder und Gleichnisse

ERLEMANN, KURT, Wunder. Theorie – Auslegung – Didaktik, Tübingen 2021.
KOLLMANN, BERND, Neutestamentliche Wundergeschichten. Biblisch-theologische Zugänge und Impulse für die Praxis, Stuttgart [3]2011.
ZIMMERMANN, RUBEN (Hg.), Kompendium der Gleichnisse Jesu. 2., korrigierte und um Literatur ergänzte Auflage, Gütersloh 2015.
DERS. (Hg.), Kompendium der frühchristlichen Wundererzählungen. Gütersloh 2013-.

6.4.2.9 Exegetische Methodik

BECKER, UWE, Exegese des Alten Testaments. Ein Methoden- und Arbeitsbuch. 5., überarbeitete Auflage, Tübingen 2021.
EBNER, MARTIN/ HEININGER, BERNHARD, Exegese des Neuen Testaments. Ein Arbeitsbuch für Lehre und Praxis. 4., verbesserte und aktualisierte Auflage, Stuttgart 2018.
EGGER, WILHELM/ WICK, PETER, Methodenlehre zum Neuen Testament. Einführung in linguistische und historisch-kritische Methoden. Biblische Texte selbständig auslegen (Grundlagen Theologie), Neuausgabe (6., völlig neu bearb. und erw. Aufl.), Freiburg i.Br.-Basel-Wien 2011.
FISCHER, GEORG, Wege in die Bibel. Leitfaden zur Auslegung, Stuttgart [3]2008.
HIEKE, THOMAS/SCHÖNING, BENEDICT, Methoden alttestamentlicher Exegese, Darmstadt 2017.
KREUZER, SIEGFRIED/ VIEWEGER, DIETER u.a., Proseminar I. Altes Testament. Ein Arbeitsbuch, Stuttgart [3]2019.
SCHNELLE, UDO, Einführung in die neutestamentliche Exegese. 8., durchgesehene und erweiterte Auflage, Stuttgart 2014.
SÖDING, THOMAS, Wege der Schriftauslegung. Methodenbuch zum Neuen Testament. Freiburg i.Br.-Basel-Wien 1998.
STECK, ODIL HANNES, Exegese des Alten Testaments. Leitfaden der Methodik. Ein Arbeitsbuch für Proseminare, Seminare und Vorlesungen, Neukirchen-Vluyn [14]1999.
UTZSCHNEIDER, HELMUT/ NITSCHE, STEFAN, Arbeitsbuch literaturwissenschaftliche Bibelauslegung. Eine Methodenlehre zur Exegese des Alten Testaments, Gütersloh [4]2014.

6.4.2.10 Kommentarreihen

ATD Das Alte Testament Deutsch
BK Biblischer Kommentar (AT)
EKK Evangelisch-katholischer Kommentar zum NT
HThK Herders Theologischer Kommentar zum AT & NT
KEK Kritisch-exegetischer Kommentar über das Neue Testament
NEB Neue Echter Bibel, AT & NT
NSK Neuer Stuttgarter Kommentar AT & NT
NTD Das Neue Testament Deutsch
ÖTK Ökumenischer Taschenbuchkommentar
RNT Regensburger Neues Testament
SKK Stuttgarter Kleiner Kommentar AT & NT
ThHK Theologischer Handkommentar zum Neuen Testament
ThKNT Theologischer Kommentar zum Neuen Testament
ZBK Zürcher Bibelkommentar

6.4.2.11 Zeitschriften und Jahrbücher

Bib. Biblica
BiKi Bibel und Kirche
BN Biblische Notizen
BZ Biblische Zeitschrift
JBL Journal of Biblical Literature
JBTh Jahrbuch für biblische Theologie
JJS Journal of Jewish Studies
JSOT Journal for the Study of the Old Testament
JSQ Jewish Studies Quarterly
NT Novum Testamentum
NTS New testament studies
OTS Old Testament Studies
VT Vetus Testamentum
WUB Welt und Umwelt der Bibel
ZAW Zeitschrift für die alttestamentliche Wissenschaft
ZNT Zeitschrift für Neues Testament
ZNW Zeitschrift für die neutestamentliche Wissenschaft

6.4.2.12 Biblische Hermeneutik

DOHMEN, CHRISTOPH/ STEMBERGER, GÜNTER, Hermeneutik der jüdischen Bibel und des Alten Testaments, Stuttgart 1996.

DOHMEN, CHRISTOPH, Die Bibel und ihre Auslegung, München 1999.

OEMING, MANFRED, Biblische Hermeneutik. Eine Einführung, Darmstadt ^{3}2013.

6.4.2.13 Bibeldidaktik

BALDERMANN, INGO, Einführung in die biblische Didaktik, Wiesbaden [4]2011.

BERG, HORST KLAUS, Grundriss der Bibeldidaktik. Konzepte, Modelle, Methoden (Handbuch des biblischen Unterrichts 2), München [3]2003.

JOHANNSEN, FRIEDRICH, Alttestamentliches Arbeitsbuch für Religionspädagogen. 5., überarbeitete Auflage, Stuttgart 2019.

KOLLMANN, BERND, Neutestamentliche Schlüsseltexte für den Religionsunterricht, Stuttgart 2019.

THEISSEN, GERD, Zur Bibel motivieren. Aufgaben, Inhalte und Methoden einer offenen Bibeldidaktik, Gütersloh 2003.

6.4.2.14 Online Ressourcen

Biblische Literaturdokumentation Innsbruck: http://bildi.uibk.ac.at
Bibleserver: http://www.bibleserver.com
Biblische Bibliographie Lausanne: http://www.bibil.net
Bibelkunde: http://www.bibelwissenschaft.de/bibelkunde/
Index Theologicus (Bibelstellensuche): http://www.ixtheo.de/bibelstellen.html
Perikopen.de. Exegetisch-theologischer Kommentar der Evangelientexte für die Sonntage und Hochfeste: www.perikopen.de

6.4.3 Historische Theologie

6.4.3.1 Lexika

BAUTZ, FRIEDRICH WILHELM/ BAUTZ, TRAUGOTT (Hg.), Biographisch-bibliographisches Kirchenlexikon. 25 Bände, Hamm 1975-2005.

BRUNNER, OTTO/ CONZE, WERNER/ KOSELLECK, REINHART (Hg.), Geschichtliche Grundbegriffe. Historisches Lexikon zur politisch-sozialen Sprache in Deutschland. 8 Bände, Stuttgart 1972-1997.

DÖPP, SIEGMAR/ GEERLINGS, WILHELM (Hg.), Lexikon der antiken christlichen Literatur, 3. völlig neu bearb. und erw. Auflage, Freiburg i.Br.-Basel-Wien 2002.

HORNUNG, CHRISTIAN U.A. (Hg.), Reallexikon für Antike und Christentum. Sachwörterbuch zur Auseinandersetzung des Christentums mit der antiken Welt, Stuttgart 1950ff.

JAEGER, FRIEDRICH (Hg.), Enzyklopädie der Neuzeit. 16 Bände, Stuttgart 2005-2012.

KIRSCHBAUM, ENGELBERT/ BRAUNFELS, WOLFGANG (Hg.), Lexikon der christlichen Ikonographie. 8 Bände, Freiburg i.Br.-Basel-Wien 1968-1976. Lexikon des Mittelalters. 9 Bände. Studienausgabe, Stuttgart 1999.

6.4.3.2 Einführungen

DANIEL, UTE, Kompendium Kulturgeschichte. 5., durchges. u. aktual. Aufl., Frankfurt a.M. 2006.

EIBACH, JOACHIM/LOTTES, GÜNTHER (Hg.), Kompass der Geschichtswissenschaft. Ein Handbuch, Göttingen ²2006.

EMICH, BIRGIT, Geschichte der Frühen Neuzeit studieren, Konstanz 2006.

GÄRTNER, CLAUDIA/ BORK, STEFAN (Hg.), Kirchengeschichtsdidaktik. Verortungen zwischen Religionspädagogik, Kirchengeschichte und Geschichtsdidaktik (Religionspädagogik innovativ 12), Stuttgart 2016.

GOETZ, HANS-WERNER, Proseminar Geschichte: Mittelalter, Stuttgart ³2006.

HOLZEM, ANDREAS, Die Geschichte des „geglaubten Gottes". Kirchengeschichte zwischen „Memoria" und „Historie". In: ANDREAS LEINHÄUPL-WILKE (Hg.), Katholische Theologie studieren. Themenfelder und Disziplinen, Münster 2000, 73-103.

HOLTZ, LEONARD, Geschichte des christlichen Ordenslebens, Düsseldorf 2001.

JAMMERTHAL, TOBIAS/ JANSSEN, DAVID BURKHART/ REINERT, JONATHAN/ SCHUSTER, SUSANNE, Methodik der Kirchengeschichte. Ein Lehrbuch, Tübingen 2022.

MARKSCHIES, CHRISTOPH J., Arbeitsbuch Kirchengeschichte (Uni-Taschenbücher 1857), Tübingen 1995.

OPGENOORTH, ERNST/ SCHULZ, GÜNTHER, Einführung in das Studium der neueren Geschichte. 7., vollständig neu bearb. Aufl., Paderborn u.a. 2010.

STEGMANN, ANDREAS/ DEUSCHLE, MATTHIAS/ WASMUTH, JENNIFER, Proseminar Kirchengeschichte. Einführung in die Methoden des wissenschaftlichen Arbeitens, Tübingen 2022.

6.4.3.3 Hilfsmittel

BAUMGART, WINFRIED, Bücherverzeichnis zur deutschen Geschichte. Hilfsmittel, Handbücher, Quellen. 18., überarb. u. erw. Aufl., Stuttgart 2014.

DOWLEY, TIM, Illustrierter Atlas zur Geschichte des Christentums, Neukirchen-Vluyn 2019.

EDER, FRANZ X., Geschichte online. Einführung in das wissenschaftliche Arbeiten, Wien-Köln-Weimar 2006.

FELDMANN, REINHARD/ SCHULTZE, KLAUS, Wie finde ich Literatur zur Geschichte. 3., durchges. Aufl., Berlin 1995.

JEDIN, HUBERT (Hg.), Atlas zur Kirchengeschichte. Die christlichen Kirchen in Geschichte und Gegenwart. Aktual. Neuausgabe bearb. v. Jochen Martin, Freiburg i.Br.-Basel-Wien 1988.

PADBERG, LUTZ E. VON/ FÜRSTENBERG, MICHAEL, Bücherverzeichnis zur Kirchengeschichte. Eine kommentierte Bibliographie, Paderborn 1999.

PUTZGER, FRIEDRICH WILHELM/ BRUCKMÜLLER, ERNST (Hg.), Putzger. Historischer Weltatlas, Berlin ¹⁰⁵2021.

6.4.3.4 Handbücher

BLICKLE, PETER (Hg.), Handbuch der Geschichte Europas. 10 Bände, Stuttgart 2002-2012.
BROX, NORBERT (Hg.), Die Geschichte des Christentums. Religion – Politik – Kultur. 14 Bände. Sonderausgabe, Freiburg i.Br.-Basel-Wien 2010.
DUCHARDT, HEINZ (Hg.), Handbuch der Geschichte der internationalen Beziehungen. 9 Bände, davon 7 Bände bislang erschienen, Paderborn 1997-2012.
HAVERKAMP, ALFRED U.A. (Hg.), Gebhard. Handbuch der deutschen Geschichte. 24 Bände, davon 23 Bände bislang erschienen, 10. völlig neue Aufl., Stuttgart 2001-2014.
JAEGER, FRIEDRICH U.A. (Hg.), Handbuch der Kulturwissenschaften. 3 Bände, Stuttgart 2004.
JEDIN, HUBERT (Hg.), Handbuch der Kirchengeschichte. 7 Bände. Sonderausgabe, Freiburg i.Br.-Basel-Wien 1985.
JUNG, MARTIN, Kirchengeschichte (UTB 4021), Tübingen [2]2017.
KOTTJE RAYMUND (Hg.), Ökumenische Kirchengeschichte. 3 Bände, Darmstadt 2006-2008.
The Cambridge history of Christianity. 9 Bände, Cambridge u.a. 2006-2009.

Grundlagenliteratur

MÖLLER, BERND, Geschichte des Christentums in Grundzügen. 10. völlig neu bearb. Aufl., Göttingen 2011.
SCHIEDER, THEODOR (Hg.), Handbuch der europäischen Geschichte. 7 Bände, Stuttgart 1968-1987.

6.4.3.5 Quellenkunde

BRANDT, AHASVER VON, Werkzeug des Historikers. Eine Einführung in die historischen Hilfswissenschaften, Stuttgart [18]2012.
JÄGER, JENS/ KNAUER, MARTIN (Hg.), Bilder als historische Quellen? Dimension der Debatten um historische Bildforschung, München 2009.
MÖLLER, ASTRID, Quellen der Antike (Historische Quellen interpretieren 1), Paderborn 2020.
RUSINEK, BERND-A./ ACKERMANN, VOLKER/ ENGELBRECHT, JÖRG, Einführung in die Interpretation historischer Quellen. Schwerpunkt: Neuzeit, Paderborn u.a. 1992.
THEUERKAUF, GERHARD (Hg.), Einführung in die Interpretation historischer Quellen. Schwerpunkt: Mittelalter, Paderborn u.a. [2]1997.

6.4.3.6 Epochenspezifische Überblicksdarstellungen

ANGENENDT, ARNOLD, Das Frühmittelalter, Stuttgart [3]2001.
DERS., Geschichte der Religiosität im Mittelalter, Darmstadt [4]2009.

DERS., Toleranz und Gewalt: Das Christentum zwischen Bibel und Schwert, Münster ^{5}2018.

ARNOLD, KLAUS, Kleine Geschichte des Modernismus. Freiburg 2007.

DASSMANN, ERNST, Kirchengeschichte. 3 Bände, Stuttgart ^{3}2012.

BISCHOF, FRANZ XAVER, Das Zweite Vatikanische Konzil (1962-1965). Stand und Perspektiven der kirchenhistorischen Forschungen im deutschsprachigen Raum (Münchener kirchenhistorische Studien 1), Stuttgart 2012.

FRANK, KARL SUSO, Lehrbuch der Geschichte der Alten Kirche, Paderborn u.a. ^{3}2002.

GATZ, ERWIN/ HUMMEL, KARL-JOSEPH, Die katholische Kirche in Deutschland im 20. Jahrhundert, Freiburg i. Br.-Basel-Wien 2009.

GEMEINHARDT, PETER, Geschichte des Christentums in der Spätantike (NTG), Tübingen 2022.

HAUSCHILD, WOLF-DIETER/ DRECOLL, VOLKER HENNIG, Alte Kirche und Mittelalter (Lehrbuch der Kirchen- und Dogmengeschichte 1), Gütersloh ^{6}2019.

HOLZEM, ANDREAS, Christentum in Deutschland 1550-1850. Konfessionalisierung – Aufklärung – Pluralisierung. 2 Bände, Paderborn 2015.

KÖSTERS, CHRISTOPH/ RUFF, MARK EDWARD (Hg.), Die katholische Kirche im Dritten Reich. Eine Einführung, Freiburg i.Br.-Basel-Wien ^{2}2018.

LEPPIN, HARTMUT, Die frühen Christen. Von den Anfängen bis Konstantin (Historische Bibliothek der Gerda Henkel Stiftung), München ^{3}2021.

DERS., Die Reformation (Geschichte kompakt), Darmstadt ^{2}2017.

MARKSCHIES, CHRISTOPH J., Das antike Christentum. Frömmigkeit, Lebensformen, Institutionen, München ^{3}2016.

MÜHLENBERG, EKKEHARD, Epochen der Kirchengeschichte, 3., aktual. Aufl., Wiesbaden 1999.

O'MALLEY, JOHN W., Trent and all that. Renaming Catholicism in the early modern era, Cambridge 2002.

RUMMEL, WALTER/ VOLTMER, RITA (Hg.), Hexen und Hexenverfolgung in der frühen Neuzeit (Geschichte kompakt), Darmstadt ^{2}2012.

SCHATZ, KLAUS, Allgemeine Konzilien – Brennpunkte der Kirchengeschichte, Paderborn u.a. 1997.

SCHMIDT, BERNWARD, Kleine Geschichte des Ersten Vatikanischen Konzils, Freiburg i.Br.-Basel-Wien 2019.

IRSCHING, ANDREAS (Hg.), Oldenbourg Geschichte Lehrbuch. Neueste Zeit. München ^{2}2009.

ZSCHOCH, HELMUT, Die Christenheit im Hoch- und Spätmittelalter. Von der Kirchenreform des 11. Jahrhunderts zu den Reformbestrebungen des 15. Jahrhunderts (UTB 2520), Göttingen 2004.

6.4.3.7 Zeitschriften

RJKG	Rottenburger Jahrbuch für Kirchengeschichte
ThQ	Theologische Quartalschrift
ZGK	Zeitschrift für Kirchengeschichte
RHE	Revue d'histoire ecclésiastique Annales Annales d'histoire économique et sociale
HZ	Historische Zeitschrift
AKG	Archiv für Kulturgeschichte
ZRGG	Zeitschrift für Religions- und Geistesgeschichte
SZRKG	Schweizerische Zeitschrift für Religions- und Kulturgeschichte
Saec	Saeculum Jahrbuch für Universalgeschichte
ZRG oder ZSRG	Zeitschrift der Savigny-Stiftung für Rechtsgeschichte
JMH	The Journal of Modern History
JbAC	Jahrbuch für Antike und Christentum
ZAC	Zeitschrift für antikes Christentum

Online Ressourcen

Clio Online. Fachportal für die Geschichtswissenschaften: https://www.clio-online.de/

Historicum.net. Fachinformationsdienst Geschichtswissenschaft: https://www.historicum.net/home

Kommission f. Zeitgeschichte: https://www.kfzg.de/

Monumenta Germaniae Historica. Grundlagenforschung Mittelalter: https://www.mgh.de/de

Regesta imperii. Akademie der Wissenschaften und Literatur Mainz: http://www.regesta-imperii.de/startseite.html

6.4.4 Systematische Theologie

6.4.4.1 Lexika

DOCKTER, CORNELIA/DÜRNBERGER, MARTIN/LANGENFELD, AARON, Theologische Grundbegriffe. Ein Handbuch (Grundwissen Theologie), Paderborn 2020.

EICHER, PETER (Hg.), Neues Handbuch Theologischer Grundbegriffe. 4 Bde., München 2005. [Abk.: NHThG]

FRANZ, ALBERT/ BAUM, WOLFGANG/ KREUTZER, KARSTEN (Hg.), Lexikon philosophischer Grundbegriffe der Theologie, Freiburg i.Br.-Basel-Wien ²2007.

HUNOLD, GERFRIED W. (Hg.), Lexikon der christlichen Ethik (LThK kompakt). 2 Bde., Freiburg i. Br.-Basel-Wien 2003.

Vorgrimler, Herbert, Neues theologisches Wörterbuch, Neuausgabe, Freiburg i.Br.-Basel-Wien 2008.

Waldenfels, Hans (Hg.), Lexikon der Religionen. Phänomene – Geschichte – Ideen, Freiburg i.Br.-Basel-Wien [2]1995.

6.4.4.2 Einführungen und Gesamtdarstellungen

Breul, Martin/Tappen, Julian, Von Teekannen, Gott und Gänseblümchen. Theologische Gedankenexperimente. Einführung in die Systematische Theologie, Freiburg 2023.

Dürnberger, Martin, Basics Systematischer Theologie. Eine Anleitung zum Nachdenken über den Glauben, Regensburg 2020.

Ruhstorfer, Karlheinz (Hg.), Systematische Theologie (Theologie studieren im modularisierten Studiengang Modul 3), Paderborn u.a. 2012.

Seewald, Michael, Einführung in die Systematische Theologie (Theologie kompakt), Darmstadt 2018.

Stosch, Klaus von, Einführung in die Systematische Theologie. 5., aktualisierte Auflage, Paderborn 2022.

6.4.4.3 Fundamentaltheologie

Böttigheimer, Christoph, Lehrbuch der Fundamentaltheologie. Die Rationalität der Gottes-, Offenbarungs- und Kirchenfrage. 4., gründlich überarbeitete, aktualisierte und erweiterte Auflage, Freiburg i. Br. 2022.

Höhn, Hans-Joachim, Gott – Offenbarung – Heilswege. Fundamentaltheologie, Würzburg 2011.

Kern, Walter/ Pottmeier, Hermann Josef/ Seckler, Max (Hg.), Handbuch der Fundamentaltheologie. 4 Bde. 2., verb. und aktualisierte Aufl, Tübingen 2000.

Knapp, Markus, Die Vernunft des Glaubens. Einführung in die Fundamentaltheologie, Freiburg i. Br. 2009.

Verweyen, Hansjürgen, Einführung in die Fundamentaltheologie, Darmstadt 2008.

Werbick, Jürgen, Den Glauben verantworten. Eine Fundamentaltheologie, Freiburg i.Br.-Basel-Wien [3]2005.

6.4.4.4 Dogmatik

Beinert, Wolfgang (Hg.), Glaubenszugänge. Lehrbuch der katholischen Dogmatik, 3 Bde., Paderborn u.a. 1995.

Marschler, Thomas /Schärtl, Thomas (Hg.), Dogmatik heute. Bestandsaufnahmen und Perspektiven, Regensburg 2014.

Rahner, Johanna, Einführung in die Dogmatik, Darmstadt [2]2014.

Schneider, Theodor (Hg.), Handbuch der Dogmatik. 2 Bde., Düsseldorf 1992.

6.4.4.5 Moraltheologie/ Sozialethik

Böckle, Franz, Fundamentalmoral, München 1985.

Düwell, Marcus u.a. (Hg.), Handbuch Ethik, Stuttgart 2002.

Heimbach-Steins, Marianne, Christliche Sozialethik. Ein Lehrbuch. 2 Bde., Regensburg 2004/2005.

Dies. u.a. (Hg.), Christliche Sozialethik. Grundlagen – Kontexte – Themen: ein Lehr-und Studienbuch, Regensburg 2022.

Römelt, Josef, Handbuch der Moraltheologie. 3 Bde., Regensburg 1996-1999.

Wilhelms, Günter, Christliche Sozialethik, Paderborn u.a. 2010.

6.4.4.6 Religionsphilosophie

Breul, Martin/ Langenfeld, Aaron (Hg.), Kleine Philosophiegeschichte. Eine Einführung für das Theologiestudium (Grundwissen Theologie), Paderborn 2017.

Gäb, Sebastian, Religionsphilosophie (Studienkurs Religion), Baden-Baden 2022.

Löffler, Winfried, Einführung in die Religionsphilosophie. 2., überarb. Aufl., Darmstadt 2013.

Verweyen, Hansjürgen, Philosophie und Theologie. Vom Mythos zum Logos zum Mythos, Darmstadt 2005.

Weischedel, Wilhelm, Der Gott der Philosophen. Grundlegung einer Philosophischen Theologie im Zeitalter des Nihilismus. 2 Bde., München 1979.

Wendel, Saskia, Religionsphilosophie (Grundwissen Philosophie), Stuttgart 2010.

6.4.4.7 Religionswissenschaft, Religionstheologie und Komparative Theologie

Cornille, Catherine, Meaning and Method in Comparative Theology, Hoboken 2019.

Danz, Christian, Theologie der Religionen. Positionen und Perspektiven evangelischer Theologie, Neukirchen-Vluyn 2005.

Hock, Klaus, Einführung in die Religionswissenschaft, Darmstadt 2002.

Ders., Einführung in die Interkulturelle Theologie, Darmstadt 2011.

Stosch, Klaus von, Komparative Theologie als Wegweiser in der Welt der Religionen (Beiträge zur Komparativen Theologie 6), Paderborn u.a. 2012.

Ders., Einführung in die Komparative Theologie. 5., aktualisierte Auflage, Paderborn 2022.

6.4.4.8 Zeitschriften

FZPhTh	Freiburger Zeitschrift für Philosophie und Theologie
IkaZ	Internationale katholische Zeitschrift Communio
NZSTh	Neue Zeitschrift für Systematische Theologie
ThG	Theologie der Gegenwart
ThGl	Theologie und Glaube
ThPh	Theologie und Philosophie
ThQ	Theologische Quartalsschrift
ZKTh	Zeitschrift für Katholische Theologie
ZMR	Zeitschrift für Missionswissenschaft und Religionswissenschaft
ZThK	Zeitschrift für Theologie und Kirche

6.4.5 Praktische Theologie/Fachdidaktik

6.4.5.1 Religionspädagogik

6.4.5.1.1 Lexika, Nachschlagewerke

Bitter, Gottfried u.a. (Hg.), Neues Handbuch religionspädagogischer Grundbegriffe, München [2]2009.

Mette, Norbert/ Rickers, Folkert (Hg.), Lexikon der Religionspädagogik (2 Bde.), Neukirchen-Vluyn 2001.

Lindner, Heike/ Zimmermann, Mirjam (Hg.), WiReLex (Wissenschaftlich Religionspädagogisches Lexikon im Internet), ab 2015 online.

6.4.5.1.2 Handbücher und Gesamtdarstellungen

Boschki, Reinhold, Einführung in die Religionspädagogik. 3., komplett überarbeitete Auflage, Darmstadt 2017.

Domsgen, Michael, Religionspädagogik: Studienausgabe (LETh 8), Leipzig 2022.

Gesellschaft für Religionspädagogik und Deutscher Katechetenverein (Hg.), Neues Handbuch Religionsunterricht an berufsbildenden Schulen. 2., durchges. Aufl., Neukirchen-Vluyn 2006.

Grethlein, Christian/ Lück, Christhard, Religion in der Grundschule. Ein Kompendium, Göttingen 2006.

Kropač, Ulrich / Riegel, Ulrich, Handbuch Religionsdidaktik, Stuttgart 2020.

Mette, Norbert, Religionspädagogik, Düsseldorf 2006.

Roebben, Bert, Religionspädagogische Kartographie, Berlin 2023.

Rothgangel, Martin / Adam, Gottfried / Lachmann, Rainer (Hg.), Religionspädagogisches Kompendium. 7., grundlegend neu bearb. und erg. Aufl., Göttingen 2012.

SCHAMBECK, MIRJAM, Von Gott, Jesus, Religionen und so. Was Religionslehrer:innen wissen müssen, Freiburg im Breisgau 2022.

SCHWEITZER, FRIEDRICH / ULFAT, FAHIMAH, Dialogisch – kooperativ – elementarisiert. Interreligiöse Einführung in die Religionsdidaktik aus christlicher und islamischer Sicht, Göttingen 2022.

SCHRÖDER, BERND, Religionspädagogik. 2., überarbeitete und ergänzte Auflage, Tübingen 2021.

6.4.5.1.3 Religionspädagogische Arbeitsbücher/ Fachdidaktik/ Methoden

ADAM, GOTTFRIED/ LACHMANN, RAINER (Hg.), Methodisches Kompendium für den RU. 2 Bde., 4., überarbeite Auflage, Göttingen 2011.

BAUMANN, ULRIKE u.a., Religionsdidaktik. Praxishandbuch für die Sekundarstufe I und II, Berlin 2005.

BURRICHTER, RITA u.a., Professionell Religion unterrichten. Ein Arbeitsbuch (Religionspädagogik innovativ 2), Stuttgart 2012.

BÜTTNER, GERHARD/ DIETERICH, VEIT-JAKOBUS, Entwicklungspsychologie in der Religionspädagogik. 2., durchgesehene und aktualisierte Auflage, Göttingen u.a. 2016.

ENGLERT, RUDOLF, Religionspädagogische Grundfragen. Anstöße zur Urteilsbildung. 2., durchges. Aufl., Stuttgart 2008.

DERS., Religion gibt zu denken. Eine Religionsdidaktik in 19 Lehrstücken, München 2013.

MENDL, HANS, Religionsdidaktik kompakt, Für Studium, Prüfung und Beruf. 7., überarbeitete Neuauflage, München 2018.

GRÜMME, BERNHARD/ LENHARD, HARTMUT/ PIRNER, MANFRED L. (HG.), Religionsunterricht neu denken. Innovative Ansätze und Perspektiven der Religionsdidaktik. Ein Arbeitsbuch (Religionspädagogik innovativ 1), Stuttgart 2012.

HILGER, GEORG/ LEIMGRUBER, STEPHAN/ ZIEBERTZ, HANS-GEORG, Religionsdidaktik. Ein Leitfaden für Studium, Ausbildung und Beruf. 10. Auflage der 1. Aufl. 2001, München 2017.

DERS. u.a., Religionsdidaktik Grundschule. Handbuch für die Praxis des evangelischen und katholischen Religionsunterrichts. Überarb. Neuausgabe, München 2014.

NIEHL, FRANZ WENDEL/ THÖMMES, ARTHUR (Hg.), 212 Methoden für den Religionsunterricht. München ³2020.

RENDLE, LUDWIG (Hg.), Ganzheitliche Methoden im Religionsunterricht. Neuausgabe, München ⁴2011.

SAJAK, CLAUSS-PETER (Hg.), Religionsunterricht kompetenzorientiert. Beiträge aus fachdidaktischer Forschung, Paderborn u.a. 2012.

ZIMMERMANN, MIRJAM / ZIMMERMANN, RUBEN (Hg.), Handbuch Bibeldidaktik. 2., revidierte und erweitere Auflage, Tübingen 2018.

6.4.5.1.4 Wichtige Reihen

Jahrbuch der Religionspädagogik. Hg. von Peter Biehl u.a., Neukirchen-Vluyn. [Abk.: JRP]
Jahrbuch der Kindertheologie, Stuttgart. [Abk.: JaBuKi]
Jahrbuch für konstruktivistische Religionsdidaktik, Hannover.
Theologie für Lehrerinnen und Lehrer, Göttingen.
Perspektiven Bildung. Hg. von Nikolaus Janovsky u.a., Münster 2021-.

6.4.5.1.5 Zeitschriften

Entwurf	Konzepte, Ideen, Materialien für den Religionsunterricht
KatBl	Katechetische Blätter
OERF	Österreichisches Religionspädagogisches Forum
rabs	Religionsunterricht an berufsbildenden Schulen
RpB	Religionspädagogische Beiträge
Religion 5-10	
Rellis	Religion lehren und lernen in der Schule. Zeitschrift für den katholischen Religionsunterricht: S I und S II
ZPT	Zeitschrift für Pädagogik und Theologie, vormals: Der evangelische Erzieher

6.4.5.2 Praktische Theologie, weitere Disziplinen

6.4.5.2.1 Pastoraltheologie

Einführungen, Handbücher und Gesamtdarstellungen

Bauer, Christian, Konstellative Pastoraltheologie. Erkundungen zwischen Diskursarchiven und Praxisfeldern, Stuttgart 2017.

Bucher, Rainer, Theologie im Risiko der Gegenwart. Studien zur kenotischen Existenz der Pastoraltheologie zwischen Universität, Kirche und Gesellschaft, Stuttgart 2010.

Feiter, Reinhard, Antwortendes Handeln. Praktische Theologie als kontextuelle Theologie (Theologie und Praxis Band 14), Münster 2002.

Först, Johannes/ Schöttler, Heinz-Günther (Hg.), Einführung in die Theologie der Pastoral. Ein Lehrbuch für Studierende, Lehrer und kirchliche Mitarbeiter, Münster 2012.

Haslinger, Herbert u.a. (Hg.), Handbuch Praktische Theologie. Bd. 1: Grundlegungen. Bd. 2: Durchführungen, Mainz 1999-2000.

Haslinger, Herbert, Pastoraltheologie, Paderborn u.a. 2014.

Mette, Norbert, Einführung in die katholische Praktische Theologie, Darmstadt 2005.

Seip, Jörg, Der weiße Raum. Prolegomena einer ästhetischen Pastoraltheologie (PThK Band 21), Freiburg 2009.

Seelsorge

NAUER, DORIS, Seelsorge. Sorge um die Seele. 2., aktual. Auflage, Stuttgart 2010.

Gemeinde

HASLINGER, HERBERT, Lebensort für alle. Gemeinde neu verstehen, Düsseldorf 2005.

Homiletik

ENGEMANN, WILFRIED, Einführung in die Homiletik. 2., überarb. und erw. Auflage, Tübingen-Basel 2011.

GRÖZINGER, ALBRECHT, Homiletik. Lehrbuch Praktische Theologie. Bd. 2, Gütersloh 2008.

Diakonie

HASLINGER, HERBERT, Diakonie. Grundlagen für die soziale Arbeit der Kirche, Paderborn u.a. 2009.

6.4.5.2.2 Liturgiewissenschaft

BÄRSCH, JÜRGEN/ KRANEMANN, BENEDIKT, Geschichte der Liturgie in den Kirchen des Westens. Rituelle Entwicklungen, theologische Konzepte und kulturelle Kontexte, 2 Bände, Münster 2018.

GERHARDS, ALBERT/ KRANEMANN, BENEDIKT, Grundlagen und Perspektiven der Liturgiewissenschaft, 4., überarb. und erw. Aufl., Darmstadt 2019.

MESSNER, REIHNARD, Einführung in die Liturgiewissenschaft, Paderborn u.a. ^{2}2009.

MEYER, HANS BERNHARD/ MESSNER, REINHARD U.A., Gottesdienst der Kirche. Handbuch der Liturgiewissenschaft, Regensburg 1983-2024.

LUMMA, LIBORIUS OLAF, Crashkurs Liturgie. Eine kurze Einführung in den katholischen Gottesdienst, 2., durchges. und verb. Aufl., Regensburg 2012.

ODENTHAL, ANDREAS, Rituelle Erfahrung. Praktisch-theologische Konturen des christlichen Gottesdienstes, Stuttgart 2019.

6.4.5.2.3 Kirchenrecht

Rechtsquellen für die Gesamtkirche

CODEX IURIS CANONICI, Codex des kanonischen Rechtes, hg. im Auftrag der Deutschen Bischofskonferenz, der Österreichischen Bischofskonferenz, der Schweizer Bischofskonferenz, der Erzbischöfe von Luxemburg und Straßburg sowie der Bischöfe von Bozen-Brixen, Lüttich und Metz, lateinisch-deutsche Ausgabe Kevelaer ^{10}2021.

CODEX CANONUM ECCLESIARUM ORIENTALIUM. Gesetzbuch der katholischen Ostkirchen, lateinisch-deutsche Ausgabe, hg. von Libero Gerosa und Peter Krämer, Paderborn 2000.

CODEX IURIS CANONICI Pii X Pontificis Maximi iussu digestus, Benedicti Papae XV auctoritate promulgatus, Rom 1917.
Die genannten Rechtsquellen sind auch online unter www.codex-iuris-canonici.de abrufbar.

Recht im Allgemeinen

RÜTHERS, BERND/ FISCHER, CHRISTIAN/ BIRK, AXEL, Rechtstheorie. Mit juristischer Methodenlehre, München [11]2020.
ZIPPELIUS, REINHOLD, Einführung in das Recht, Heidelberg [6]2011.

Einführungen und Gesamtdarstellungen

BIER, GEORG, Einführung in das Kirchenrecht. In: CLAUSS PETER SAJAK (Hg.), Theologie studieren im modularisierten Studiengang, Paderborn 2012, 121–178.
BROSI, URS, Recht, Strukturen, Freiräume (Studiengang Theologie 9), Zürich 2013.
DALY, BRENDAN, Canon Law in Action. A Pastoral Handbook In Ministry, Strathfield 2015.
DEMEL, SABINE, Einführung in das Recht der katholischen Kirche. Grundlagen – Quellen – Beispiele (Einführung Theologie), Darmstadt 2014.
DIES., Handbuch Kirchenrecht. Grundbegriffe für Studium und Praxis, Freiburg 2010.
HAHN, JUDITH, Foundations of a Sociology of Canon Law, Cham 2022.
LÜDECKE, NORBERT/ BIER, GEORG, Das römisch-katholische Kirchenrecht. Eine Einführung, Stuttgart 2012.
OHLY, CHRISTOPH/ MÜLLER, LUDGER, Katholisches Kirchenrecht. Ein Studienbuch, Paderborn 2018.
RHODE, ULRICH, Kirchenrecht (Studienbücher Theologie 24), Stuttgart 2015.
DE WALL, HEINRICH/ MUCKEL, STEFAN, Kirchenrecht. Ein Studienbuch, München [3]2012.

Lehr-, Handbücher und Kommentare

AYMANS, WINFRIED/ MÖRSDORF, KLAUS, Kanonisches Recht. Lehrbuch aufgrund des Codex Iuris Canonici. 4 Bände, 13., völlig neu bearb. Aufl., Paderborn u.a. 1991-2013.
HAERING, STEPHAN/ REES, WILHELM/ SCHMITZ, HERIBERT (Hg.), Handbuch des katholischen Kirchenrechts (HdbKathKR), Regensburg [3]2015.
HEIMERL, HANS/PREE, HELMUTH, Kirchenrecht. Allgemeine Normen und Eherecht, Wien 1983.
KRÄMER, PETER, Kirchenrecht. 2 Bände, Stuttgart 1992-1993.
LÜDICKE, KLAUS (Hg.), Münsterischer Kommentar zum Codex Iuris Canonici unter besonderer Berücksichtigung der Rechtslage in Deutschland, Österreich und der Schweiz, Loseblattsammlung, Essen 1984ff.

Recherche kanonistischer Literatur

Literaturdatenbank des kanonischen Rechts online abrufbar unter https://canon-law.ixtheo.de.

7. Literaturverzeichnis

CONZELMANN, HANS/ LINDEMANN, ANDREAS, Arbeitsbuch zum Neuen Testament. 14., durchgesehene Auflage, Tübingen 2004.

FROMM, ERICH, Haben oder Sein. Die seelischen Grundlagen einer neuen Gesellschaft, München [19]1990

HILPERT, KONRAD, Praktische Hinweise zur Anfertigung einer wissenschaftlichen Arbeit. In: FRANZ-JOSEF NOCKE/ HANS ZIRKER (Hg.), Einübung in die Systematische Theologie, München 1984, 142-160.

HÜLSHOFF, FRIEDHELM / KALDEWEY, RÜDIGER, Training Rationeller lernen und arbeiten, Stuttgart [9]1990.

KRUSE, OTTO, Lesen und Schreiben. Der richtige Umgang mit Texten im Studium, Konstanz 2010.

MOENINNGHOFF, BURKHARD/ MEYER-KRENTLER, ECKHARDT, Arbeitstechniken Literaturwissenschaft, 16., aktual. Aufl., München 2013.

NIEHL, FRANZ WENDEL/ THÖMMES, ARTHUR (Hg.), 212 Methoden für den Religionsunterricht, München [8]2006.

NOCKE, FRANZ-JOSEF/ ZIRKER HANS (Hg.), Einübung in die Systematische Theologie, München 1984.

RAFFELT, ALBERT, Theologie studieren. Wissenschaftliches Arbeiten und Medienkunde, Freiburg i.Br.-Basel-Wien 2003.

ROST, FRIEDRICH, Lern- und Arbeitstechniken für das Studium, 5., aktual. und erw. Auflage, Wiesbaden 2008.

WEIL, SIMONE, Zeugnis für das Gute. Spiritualität einer Philosophin. Aus dem Franz. übers. und hg. von Friedhelm Kemp, Zürich-Düsseldorf 1998.

WOHLMUTH JOSEF, Einblick in die Bereiche und Einzeldisziplinen und ihre innere Einheit. In: DERS. (Hg.), Katholische Theologie heute. Eine Einführung, 2., verb. Aufl., Würzburg 1995, 44-50.

DERS., Wissenschaftliches Arbeiten in der Theologie. In: DERS. (Hg.), Katholische Theologie heute. Eine Einführung. 2., verb. Aufl., Würzburg 1995, 105.

DERS. (Hg), Katholische Theologie heute. Eine Einführung. 2., verb. Aufl., Würzburg 1995.

DERS./ HANS GEORG KOCH, Leitfaden Theologie. Eine Einführung in Arbeitstechniken, Methoden und Probleme der Theologie. 2., verb. u. erw. Aufl., Zürich-Einsiedeln-Köln 1978, 49.

ZENGER, ERICH, Das Erste Testament. Die jüdische Bibel und die Christen, Düsseldorf [2]1992.

8. Anhang

Zu 3.1: Tabellarische Gesamtübersicht für direkte Zitate

Direktes Zitat mit ...	**Regel**	**Beispiel**
Übernahme eines oder mehrerer vollständiger Sätze	Übernahme des Punktes aus der Quelle	Striet verweist in diesem Zusammenhang auf Kants moralischen Gottesbeweis, der Gott als notwendiges Postulat der menschlichen Vernunft annimmt. „Notwendiges Postualt aber ist ihr [der menschlichen Vernunft] eben der freie Gott, weil nur ein durch Freiheit sich auszeichnender Gott das definitive Sein der Freiheit gewähren und ihr Sinn ermöglichen kann."[1]
Übernahme unvollständiger Satzteile	Das Anführungszeichen beendet das direkte Zitat Einfügung des Punktes	Denn wenn, so Striet, „wirklich Gott selbst in der Geschichte Jesu sich geoffenbart hat, dann darf auch mit einer ewigen Selbstunterscheidung Jesu vom Vater gerechnet werden"[1].
Mehr als drei Zeilen Text	– 1 cm Einrücken – 2pt Schriftgröße verkleinern – Zeilenabstand engzeilig – Keine Anführungsstriche	So kann man mit Theißen/Merz „Wunder" wie folgt definieren: Ein Wunder ist ein Ereignis, das gegen normale Erwartungen eintritt und eine religiöse Bedeutung hat: Es wird als Handlung eines Gottes verstanden. Unter diese weite Definition fallen auch kosmische Zeichen (wie der Stern bei der Geburt Jesu oder Sonnenfinsternis bei seinem Tod).[1]

Direktes Zitat mit ...	**Regel**	**Beispiel**
Verwendung von alter Rechtschreibung	Vollständige Übernahme des Zitats	Rahner stellt heraus: „All das muß [sic!] konkret gelebt werden und erfordert auch gesellschaftliche Strukturen mit Aufgaben, Pflichten und Rechten, in die die einzelnen Gemeindeglieder und Familien sich in realistischer Gläubigkeit einfügen und so an der Aufgabe einer solchen Gemeinde mittragen."
Verwendung von Orthographischen Abweichungen oder Hervorhebungen	Vollständige Übernahme der Abweichungen und Hervorhebungen	Goldstick betont: „Descartes was right. God *could* make contradiction true."
Rechtschreibfehlern	Vollständige Übernahme der Rechtschreibfehler mit Kennzeichnung	Gijsbert van den Brink konstatiert: „I seems to me that this concensus[1] is to be accepted." [1]Rechtschreibfehler im Original Alternativ: Gijsbert van den Brink konstatiert: „It seems to me that this consensus [sic!] is to be accepted."
Anführungsstrichen zur Hervorhebung im Originaltext	Anführungsstriche werden im Zitat mit einfachen Anführungsstrichen ersetzt	„Das letzte Mahl Jesu war eine ‚Symbolhandlung'"[1], so Theißen/Merz.
Notwendiger Änderung der Schreibweise des Originals	Änderungen im Fließtext mit eckigen Klammern oder in der Fußnote kenntlich machen	Klaus von Stosch erklärt: „Die eine Offenbarung, von der her sich jede Rede von Offenbarung erschließt, ist aus christlicher Perspektive damit die Selbstoffenbarung bzw. Selbstmittelung Gottes in Jesus Christus [im Original fett gedruckt]."[1]

Direktes Zitat mit ...	Regel	Beispiel
		Alternativ: Klaus von Stosch erklärt: „Die eine Offenbarung, von der her sich jede Rede von Offenbarung erschließt, ist aus christlicher Perspektive damit die Selbstoffenbarung bzw. Selbstmittelung Gottes in Jesus Christus"[1] [1]Im Original fett gedruckt.
Eigenen Hervorhebungen im Originaltext	Änderungen im Fließtext mit eckigen Klammern oder in der Fußnote kenntlich machen	„Evidenterweise ist jede Menge der geschaffenen Perfektionen solcher Art, daß ihr Nachfolger wieder eine geschaffene Perfektion ist [...], *wenn diese Menge nicht die letzte vor Gott ist* [Hervorhebung nicht im Original]"[1], so Jules Vuillemin. Alternativ: „Evidenterweise ist jede Menge der geschaffenen Perfektionen solcher Art, daß ihr Nachfolger wieder eine geschaffene Perfektion ist [...], *wenn diese Menge nicht die letzte vor Gott ist*"[1], so Jules Vuillemin. [1]Hervorhebung nicht im Original
Fremdsprachlichen Originaltext	Originaltext im Fließtext mit eigener Übersetzung in der Fußnote Eigene Übersetzung im Fließtext mit Originaltext in der Fußnote	Keene trifft zunächst folgende Aussage: „X cannot make things which X cannot control."[1] [1]KEENE, A Simpler Solution to the Paradox of Omnipotence. 74. Übersetzen lässt sich diese Aussage wie folgt: „X kann keine Dinge erschaffen, die X nicht kontrollieren kann" [eigene Übersetzung].

Direktes Zitat mit ...	**Regel**	**Beispiel**
		Kenne trifft zunächst folgende Aussage: „X kann keine Dinge erschaffen, die X nicht kontrollieren kann.“[1] [1]Keene, A Simpler Solution to the Paradox of Omnipotence. 74 [eigene Übersetzung]. "X cannot make things which X cannot control."
Auslassungen von Passagen aus dem Originaltext	Markierungen der ausgelassenen Passagen durch „[...]“ oder „...“ Achtung: Sinn des Originaltexts darf nicht gekürzt oder verfälscht werden.	Andreas Holzem betont: „Wenn im folgenden von allen diesen nur vermeintlich profanen Dingen die Rede ist, gilt es [...] dem konfesionell geprägten Katholizismus dort seinen Platz zu geben, wo er seinem Selbstverständnis nach hingehört und wo er Tatsächlichkeit und Konkretion gehabt hat.“[1]
Hinzufügungen des Verfassers zum besseren Verständnis des Originaltexts	Hinzufügungen in eckige Klammern setzen Kenntlichmachen der Urheberschaft durch eigene Initialen oder Vf.	Nicole Priesching weist darauf hin, dass „mit diesem Begriff [ultramontane Frömmigkeit; Vf.] auf den erstaunlichen Anstieg der Trägergruppen solcher Frömmigkeitspraxis wie zum Beispiel den Kongregationen sowie auf die zunehmende Dichte des Angebots an Formen religiöser Welt- und Lebensdeutung Bezug genommen [wird].“
Ersetzung von Wörtern oder Anpassung der Grammatik des Originaltexts	Markierung der Ersetzungen durch eckige Klammern und Markierung der jeweiligen Auslassungen durch „[...]“	Paul Ricœur merkt an, „[e]s [...] [sei] auffallend, wie die Interpretation völlig disparate, ja gegensätzliche Methode hervorbring[e].“[1] Quelltext: Es ist auffallend, wie die Interpretation völlig disparate, ja gegensätzliche Methoden hervorbringt.

Direktes Zitat mit ...	Regel	Beispiel
	Bei grammatikalischen Änderungen von einzelnen Buchstaben kann das Auslassungszeichen wegfallen. Achtung: Sinn des Originaltexts darf nicht gekürzt oder verfälscht werden.	
Zitat aus einer Sekundärquelle	Sekundärquelle muss nach Möglichkeit im Original geprüft werden Zusatz in der Fußnote: „zitiert nach: ..." bzw. „zit. n.:" Im Literaturverzeichnis beide Quellen angeben. Die aus zweiter Hand zitierte Quelle mit dem Zusatz „(nicht eingesehen)"	„Ein und derselbe Terminus kann imaginär sein, wenn man ihn absolut nimmt, und symbolisch, wenn man ihn als differentiellen Wert auffasst, der zu anderen Termini in korrelativem Verhältnis steht und von ihnen in Wechselbeziehungen abgegrenzt wird."[1] [1]Ortigues, Le discours et le symbole, 194, zit. nach: Ricœur, Hermeneutik und Strukturalismus, 77.

Zu 3.2: Tabellarische Gesamtübersicht zur Gestaltung der Fußnoten

Fußnote...	**Regel**	**Beispiel**
Mit erster Nennung des Verweises	[1] Vorname Name, Titel. Untertitel, Ort Jahr, Seite.	[1] Jürgen Werbick, Gott verbindlich. Eine theologische Gotteslehre, Freiburg i.Br.-Basel-Wien 2007, 591.
Nach der ersten Nennung des Verweises (Kurztitel)	[1] Name, Titel, Seite.	[1] Werbick, Gott verbindlich, 591.
Bei direktem Zitat	[1] Name, Teil, Seite.	[1] Strotmann, Der historische Jesus, 23.
Bei indirektem Zitat	[1] Vgl. Name, Titel, Seite.	[1] Vgl. von Stosch, Offenbarung, 37f.
Bei mehreren Referenzen zu einem indirekten Zitat	[1] Vgl. Name, Titel, Seite; Name, Titel, Seite usw.	[1] Vgl. Höhn, Zeit-Diagnose, 76-78; Rahner, Grundkurs, 123, 141.
Bei zugleich direktem als auch indirektem Zitat	[1] Name, Titel, Seite; Vgl. hierzu auch Name, Titel, Seite.	[1] Nitsche, Gott und Freiheit, 122. Vgl. hierzu auch Greshake, Der dreieine Gott, 65f.
Bei Verwendung desselben Autors in derselben Fußnote	[1] Name, Titel, Seite. Vgl. hierzu auch Ders., Titel, Seiten.	[1] Vorgrimler, Volk Gottes oder Communio? 42f. Vgl. hierzu auch Ders., Die Volk-Gottes-Theologie des Zweiten Vatikanischen Konzils, 67.
Bei Verwendung desselben Verweises in aufeinander folgenden Fußnoten	[1] Name, Titel, Seite. [1] Ebd., Seite.	[1] Lang, Himmel und Hölle, 49. [1] Ebd., 53.

Zu 3.4: Tabellarische Gesamtübersicht für die Gestaltung des Literaturverzeichnis

Die Grundform des Literaturnachweises:
NAME, VORNAME, Titel, Ort Jahr.
THEISSEN, GERD, Das Neue Testament, München 2002.

Ein Autor:
NAME, VORNAME, Titel, Ort Jahr.
EMICH, BIRGIT, Geschichte der Frühen Neuzeit studieren, Konstanz 2006.

Ein Herausgeber:
NAME, VORNAME (Hg.), Titel, Ort Jahr.
HAUSMANNINGER, THOMAS (Hg.), Christliche Sozialethik zwischen Moderne und Postmoderne, Paderborn u.a. 1993.

Zwei Autoren:
NAME, VORNAME/ NAME, VORNAME, Titel. Untertitel, Ort Jahr.
STARY, JOACHIM/ KRETSCHMER, HORST, Umgang mit wissenschaftlicher Literatur. Eine Arbeitshilfe für das sozial- und geisteswissenschaftliche Studium, Frankfurt a.M. 1994.

Drei Herausgeber:
NAME, VORNAME/NAME, VORNAME/NAME, VORNAME (Hg.), Titel, Ort Jahr.
DREHSEN, VOLKER/ GRÄB, WILHELM/ WEYEL, BIRGIT (Hg.), Kompendium Religionstheorie, Göttingen 2005.

Mehr als vier Autoren:
NAME, VORNAME U.A., Titel, Ort Jahr.
BITTER, GOTTFRIED U.A. (Hg.), Neues Handbuch religionspädagogischer Grundbegriffe, München ^{2}2002.

Institution als Herausgeber:
INSTITUTION (Hg.), Titel, Ort Jahr.
SEKRETARIAT DER DEUTSCHEN BISCHOFSKONFERENZ (Hg.), Erklärung der Deutschen Bischofskonferenz zum Christusbekenntnis von Nizäa, Bonn 1975.

Untertitel:
NAME, VORNAME, Titel. Untertitel, Ort Jahr.
STOSCH, KLAUS VON, Gott – Macht – Geschichte. Versuch einer theodizeesensiblen Rede von Gottes Handeln in der Welt, Freiburg i.Br.-Basel-Wien 2006.

Bei vorangehendem Fragezeichen fällt der Punkt weg:
MEYER ZU SCHLOCHTERN, JOSEF, Wozu Fundamentaltheologie? Zur Grundlegung der Theologie im Anspruch von Glaube und Vernunft, Paderborn u.a. 2010.

Übersetzung:
PUI-LAN, KWOK, Interpretation als Dialog. Eine biblische Hermeneutik aus Asien. Aus dem Englischen von Veronika Merz, Luzern 1996.

Festschrift/Festgabe:
STROTMANN, ANGELIKA, Vergegenwärtigung der Vergangenheit: Zur Notwendigkeit einer am Judentum orientierten christlichen Erinnerungskultur. FS Joachim Maier, Frankfurt a.M. u.a. 2010.

Sonstige Zusätze:
KERMANI, NAVID, Der Schrecken Gottes. Attar, Hiob und die metaphysische Revolte. Mit sechs Kalligraphien von Karl Schlamminger, München 2005.
STIETENCRON, HEINRICH VON (Hg.), Der Name Gottes. Mit Beiträgen von P. Beyerhaus u.a., Düsseldorf 1975.

Ein ausgewählter Band aus einem in mehreren Bänden erschienenen Werk:
JAEGER, FRIEDRICH u.a. (Hg.), Handbuch der Kulturwissenschaften. Bd. 1: Grundlagen und Schlüsselbegriffe, Stuttgart 2004.

1. Auflage:
RATZINGER, JOSEPH, Ergebnisse und Probleme der dritten Konzilsperiode, Köln 1965.
STROTMANN, ANGELIKA, Der historische Jesus: eine Einführung, Paderborn u.a. 2012.

Bearbeitete Neuauflage:
SCHNELLE, UDO, Einleitung in das Neue Testament. 4., neubearb. Aufl., Göttingen 2002.
VERWEYEN, HANSJÜRGEN, Gottes letztes Wort. Grundriss der Fundamentaltheologie. 3., vollständig überarb. Aufl., Regensburg 2000.

Unveränderte Neuauflage:
OBERTHÜR, RAINER/ BURRICHTER, RITA, die Bibel für Kinder und alle im Haus, München ^{3}2005.

mehrere Erscheinungsorte:
NAME, VORNAME, Titel, Ort-Ort-Ort Jahr.
Zwei Orte:
HÄRLE, WILFRIED, Dogmatik, Berlin-New York ^{4}2012.
Drei Orte:
GRESHAKE, GISBERT, Der dreieine Gott. Eine trinitarische Theologie, Freiburg i.Br.-Basel-Wien 1997.
Mehr als drei Orte:
STOSCH, KLAUS VON, Einführung in die Systematische Theologie, Paderborn u.a. 2006.
Da es hier vier Erscheinungsorte gibt (Paderborn, München, Wien und Zürich), wird nur der erste genannt.

Ausgeschriebene Reihe:
NAME, VORNAME, Titel. Untertitel (Reihe Band), Ort Jahr.
STOSCH, KLAUS VON/ TATARI, MUNA (Hg.), Trinität – Anstoß für das islamisch-christliche Gespräch (Beiträge zur Komparativen Theologie 7), Paderborn u.a. 2013.

Abgekürzte Reihe:
MICHEL, ANDREAS, Gott und Gewalt gegen Kinder im Alten Testament (FAT 37), Tübingen 2003.

Dissertation:
REICHARDT, MICHAEL, Psychologische Erklärung der paulinischen Damaskusvision? Ein Beitrag zum interdisziplinären Gespräch zwischen Exegese und Psychologie seit dem 18. Jahrhundert (SBB 42), Stuttgart 1999; zugleich: Passau, Univ. Diss. 1998.

Unveröffentlichtes Werk:
HÖHN, HANS-JOACHIM, Christologie. Leitfaden zur Vorlesung im WS 2004/5, Köln 2005 (unveröffentlicht).

Zitat aus zweiter Hand:
ORTIGUES, EDMOND, Le discours et le symbole, Paris 1962 (nicht eingesehen).
RICŒUR, PAUL, Hermeneutik und Strukturalismus. Der Konflikt der Interpretation I, München 1973.
Zitat in den Fußnoten: ORTIGUES, Le discours et le symbole, 194, zit. nach: RICŒUR, Hermeneutik und Strukturalismus, 77.

Buchartikel:
NAME, VORNAME, Titel. Untertitel. In: VORNAME NAME (Hg.), Titel. Untertitel, Ort Jahr, Seite-Seite.
PRIESCHING, NICOLE, Grundzüge ultramontaner Frömmigkeit am Beispiel der „stigmatisierten Jungfrau" Maria von Mörl. In: GISELA FLECKENSTEIN/JOACHIM SCHMIEDL (Hg.), Ultramontanismus. Tendenzen der Forschung (Einblicke 8), Paderborn 2005, 77-92.

Zeitschriftenartikel:
NAME, VORNAME, Titel. In: Zeitschriftentitel Jahrgang (Jahr) Seite-Seite.
STOSCH, KLAUS VON, Zur Glaubensverantwortung nach Wittgenstein. In: FZPhTh 49 (2002) 328-346.

Lexikonartikel:
NAME, VORNAME, Art. Titel. In: Lexikon Band (Jahr), Seite-Seite.
STROTMANN, ANGELIKA, Art. Schwester I. Biblisch. In: LThK 9 (^{3}2000), 350f.

Internetseite ohne Autorangabe:
http://www.uni-paderborn.de; 14.04.2014.

Internetseite mit Autorangabe:
NAME, VORNAME, Titel. In: Link; Abrufdatum.
KNAUER, PETER, Kurze Einführung in den christlichen Glauben. In: http://peter-knauer.de/22.html; 14.04.2014.

Zu 4.: Checkliste für Referate

I. Definition:
Ein Referat ist ein mündlicher Vortrag, bei dem mit Hilfe von wissenschaftlicher Literatur ein eingegrenztes Thema unter Berücksichtigung einer spezifischen Fragestellung klar dargestellt und beantwortet wird.

II. Vorbereitung und Planung

- Mit der Lehrperson sollten im Vorfeld folgende Fragen besprochen werden:
  - Was ist das Thema und die Fragestellung sowie der Umfang und die Länge des Referats?
  - Auf welche Weise kann/soll die Zuhörerschaft eingebunden und aktiv beteiligt werden?
  - Soll ein Handout erstellt werden?
  - Welche Präsentationsmöglichkeiten ergeben sich aus der technischen Ausstattung des Raumes?
- Folgende Arbeitsschritte dienen der Vorbereitung des Referats:
  - Mit der Literaturrecherche verschafft man sich einen groben Überblick über den Forschungsstand. Anschließend muss das oft umfangreiche Material sondiert, bearbeitet und in seiner Bedeutung gewichtet werden.
  - Die konkrete Gestaltung des Referats orientiert sich an der Gliederung, die das Ergebnis der Literaturrecherche und -bearbeitung ist.
  - Die zentralen Aussagen und Ergebnisse des Referats können auf einem Handout/ Thesenpapier festgehalten werden. Dieses orientiert sich an der Gliederung des Referats. Auch die verwendete Literatur findet ihren Platz – ähnlich wie bei einer Hausarbeit – am Ende des Handouts und orientiert sich hinsichtlich der Formalia am Leitfanden zur korrekten Angabe von wissenschaftlicher Literatur.

III. Aufbau und Struktur des Referats:
1) Einstieg:

- Der erste Teil des Referats dient der Hinführung zum Thema und der klaren Formulierung der Arbeitsfrage. Außerdem sollte der grobe Aufbau der Präsentation erläutert werden.

2) Hauptteil:

- Im sich anschließenden Hauptteil folgt die strukturierte Darstellung des Themas mit ihrem Argumentationsgang zur Beantwortung der grundlegenden Fragstellung. Es ist möglich, die Zuhörerschaft in diesem Teil aktiv in die Mitarbeit einzubeziehen.

3) Schluss:

- Am Ende des Referats sollte die Fragestellung beantwortet sein. Außerdem empfiehlt es sich, die zentralen Ergebnisse zu rekapitulieren und zusammenzufassen. Möglicherweise hat sich im Laufe der Vorbereitung oder der Präsentation eine Diskussionsfrage ergeben, die an dieser Stelle ins Plenum gegeben werden kann.

4) Literaturverzeichnis:

- Wie auch bei Hausarbeiten steht am Ende eines Referats das Verzeichnis der verwendeten, wissenschaftlichen Literatur.

IV. Tipps und Tricks für Referate:

Kein Meister ist je vom Himmel gefallen – das richtige Präsentieren sollte geübt und der eigene Vortragsstil weiterentwickelt werden. Dazu gehört das freie und lebhafte Vortragen, der Blickkontakt zum Publikum, ein angemessenes Sprechtempo, aber auch das Einhalten von Zeitvorgaben und die kompetente Beantwortung von Rückfragen.

Beim Einsatz von medialer Darstellung der Inhalte gilt: Weniger ist mehr! Die Folien einer Power-Point-Präsentation dürfen nicht mit Stichpunkten oder unnötigen Informationen überlagert werden. Animationen sollten äußerst sparsam eingesetzt werden

Zu 5.: Schriftliche Arbeiten

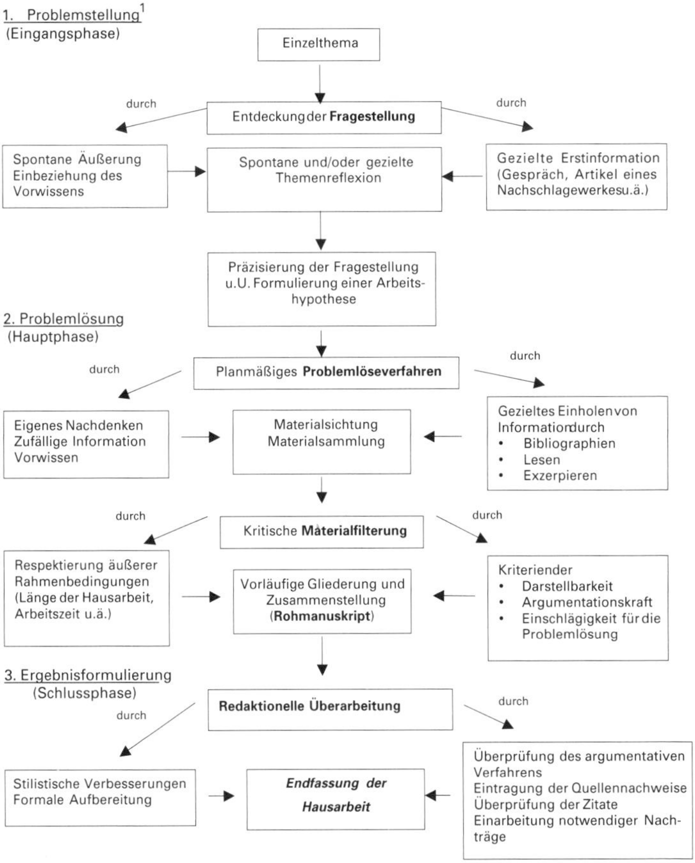

[1] Die nachfolgende Übersicht ist entnommen aus JOSEF WOHLMUTH / HANS GEORG KOCH, Leitfaden Theologie. Eine Einführung in Arbeitstechniken, Methoden und Probleme der Theologie, 2., verb. u. erw. Aufl., Zürich-Einsiedeln-Köln 1978, 49.

9. Sachregister